内部監査の理論と実践

青山学院大学大学院教授 **蟹江 章**
共立女子大学教授 **武田和夫** 著
明海大学大学院教授 **池田 晋**

税務経理協会

はしがき

2024年3月，日経平均株価が史上初めて4万円台を記録し，バブル経済のピークだった1989年末につけた最高値を更新した。バブル経済崩壊後の30年余り，日本は，戦後初めて，他の先進国においても例がないといわれるデフレ経済に苦しむことになった。

この間，デフレ経済を脱出するためにさまざまな政策が取られてきた。例えば，2015年に「コーポレートガバナンス・コード」が設けられ，いわゆる「攻めのガバナンス」を前面に掲げて，日本企業の稼ぐ力を取り戻そうという試みがなされた。しかし，新型コロナウイルス感染症（COVID-19）パンデミックのような世界的な危機の影響もあり，なかなかデフレ経済から脱出することができなかった。

2023年から24年にかけて，多くの企業が，原材料費や人件費などの上昇分を製・商品やサービスの価格に転嫁することにより収益の確保に動いた。その一方で，積極的な賃金・給与の引き上げを実施したことなどにより，経済状況に好転の兆しが見えてきた。それが，前述の株価の上昇に現れていると言ってよいだろう。

日本経済を本格的な回復軌道に乗せるために，この機会を逃すわけにはいかない。企業経営は，守り，すなわち企業価値の毀損防止を重視する姿勢から，攻め，すなわち企業価値の創造を重視する姿勢への転換を迫られている。こうした経営姿勢の転換にともなって，企業の経営目標の効果的な達成に役立つことを目的とする，内部監査の役割および内部監査に対する期待も変化するであろう。

日本では，内部監査は，経営者（マネジメント）を支援するための監査であると考えられてきた。しかし，近年，経営者を監督する取締役会（ガバナンス）との関係を重視する捉え方も目立つようになってきた。そして，取締役会の監督についても，不正の防止のような守りの視点だけではなく，経営者によ

る果敢なリスクテイクを促すような攻めの監督が求められるようになっている。

　こうした中で，内部監査の結果の報告についても，経営者だけではなく，取締役会や監査役等への報告経路を確保する，いわゆるデュアル・レポーティングが常識化しつつある。内部監査は，マネジメントだけではなく，ガバナンスとも緊密な関係を築くことを通じて，企業の経営目標の達成に貢献しなければならないのである。

　2024年1月に，IIA（内部監査人協会）から「グローバル内部監査基準」が公表され，2025年1月から適用されることになる。これまで内部監査を実施する際の指針となってきたIPPF（専門的実施の国際フレームワーク）は，グローバル内部監査基準に組み込まれることになった。内部監査基準の改訂が，必ずしも内部監査の本質の変化を意味するわけではないが，内部監査基準の改訂には，内部監査をめぐる環境の変化や内部監査に対する役割期待の変化への対応という意味も含まれていると考えることができる。

　本書は，こうした内部監査を取り巻く環境の変化，内部監査の役割そして内部監査に対する期待の変化を念頭におきながら，内部監査を実施する際に理解しておいてほしい基礎的な理論，内部監査を実践する際のポイント，そして，今後内部監査に期待される役割や機能などについて解説するものである。

　著者のうち，武田は，長年にわたって内部監査の研究を行ってきたし，「内部監査基準」の改訂にも関与してきた。こうした経験を踏まえて，内部監査基準および内部監査と法定監査との関係などについて解説している。

　池田は，グローバル企業における内部監査の実践経験に基づいて，業務監査および財務報告に係る内部統制の評価の実践ポイントを具体的に示しながら，実践的な視点から説明している。

　蟹江は，内部監査の入門的な講義を行ってきた経験に基づいて，内部監査の基礎概念および基本的なプロセスについて解説するとともに，内部監査の今後の展開についても言及している。

　3人の著者が寄ってやっとできあがっている本書だが，縁あって内部監査業務に従事することになった方，あるいはすでに内部監査業務に従事されていて，

改めて内部監査を基礎から学んでみようと考えている方などにとって，些かでもお役に立つ書物になっているとすれば，著者一同望外の喜びである。

　本書の出版に当たっては，株式会社税務経理協会代表取締役社長の大坪克行氏，ならびにシニアエディターの鈴木利美氏に大変お世話になった。ここに記して厚く御礼申し上げる次第である。

2024年4月

蟹　江　　　章

武　田　和　夫

池　田　　　晋

目　　次

第3章　内部監査のプロセス

第4章　業　務　監　査

第5章　財務報告に係る内部統制の評価（J-SOX評価）

第1章 内部監査の基礎概念

1. 監査の意義

　近年，新聞や経済・経営系雑誌の記事，テレビやインターネットのニュースなどで，内部監査をはじめ，公認会計士監査，監査役監査，会計監査人監査など，監査に関する記事をしばしば目にする。また，例えば観光バスの事故が起きたときに，国土交通省がバス運行会社に対して特別監査を実施したというニュースを見たことがあるだろう。

　監査は，日本では明治23（1890）年に制定されたいわゆる旧商法の条文の中に現れ，現行商法および今日の会社法，そして戦後に制定された証券取引法を経て，現在の金融商品取引法の規定の中にも見られる。130年を超える長い歴史をもっているのである。

　このように，監査はわれわれの身近なところにあるようだが，その意味は必ずしも的確に理解されていないように思われる。監査という語について，広く共有された明確な定義が存在しないことが，その1つの理由であろう。

　会社法の中に監査に関する規定があるとはいえ，監査は会社に固有のものではない。金融商品取引法に基づく公認会計士による会計監査がよく知られているが，監査は公認会計士の専売特許でもない。監査は，様々な形で実施されており，これにともない，監査という語もそれぞれの場面に応じて異なった意味で理解されているようである。

　こうした現状を受け入れた上で，監査を一般的な意味で大雑把に理解するとすれば，①当事者とは別の誰かが，②特定の事項または事象について調査・検証を行い，③その結果を当事者その他の関係者等に報告する行為である，ということができるだろう。このとき，当事者は監査を受ける者と監査の結果を利用する者であり，当事者とは別の誰かが監査人である。

　前述の特別監査の例でいえば，①バス会社および乗客とは別の国土交通省の職員である監査人が，②監査を受ける者としてのバス会社による運行管理状況

を調査し，③その結果を監査結果の利用者である国土交通大臣，乗客，社会等に報告・公表する行為ということになるだろう。

２．内部監査の意義

　一般的な監査の意義は必ずしも明確に定まっていないが，内部監査について
は，内部監査人の国際機関である**内部監査人協会**（The Institute of Internal
Auditors；ⅠⅠA）が設定した**専門職的実施の国際フレームワーク**（International
Professional Practices Framework；IPPF）に含まれる**グローバル内部監査基準**
（Global Internal Audit Standards；GIAS）の中で，次のように定義されてい
る（ⅠⅠA［2024］）。

> 　内部監査は，組織の業務に付加価値を与え，改善することを目的とした，
> 独立した客観的な保証・助言サービス。内部監査は，ガバナンス，リスク
> 管理，統制プロセスの有効性を評価し，改善するための体系的で規律ある
> アプローチにより，組織の目的達成を支援する。

　また，日本の**一般社団法人日本内部監査協会**が設定した**内部監査基準**では，
内部監査の本質が次のように説明されている（1.0.1）。内部監査の定義とはさ
れていないが，その趣旨はGIASが示す定義と同じである。

> 　内部監査とは，組織体の経営目標の効果的な達成に役立つことを目的と
> して，合法性と合理性の観点から公正かつ独立の立場で，ガバナンス・プ
> ロセス，リスク・マネジメントおよびコントロールに関連する経営諸活動
> の遂行状況を，内部監査人としての規律遵守の態度をもって評価し，これ
> に基づいて客観的意見を述べ，助言・勧告を行うアシュアランス業務，お
> よび特定の経営諸活動の支援を行うアドバイザリー業務である。

　これらの定義を前述の３要素と照らし合わせると，内部監査は，①内部監査
人（内部監査の専門職）が，②ガバナンス・プロセス，リスク・マネジメント
およびコントロールに関連する経営諸活動の遂行状況を評価し，③その結果を

経営諸活動に責任を負う者（最高経営者）に報告する行為であるということができるだろう。

　定義には明示されていないが，内部監査における当事者は，最高経営者および経営諸活動を行う者（組織体の事業部門）である。そして，それらの当事者とは別の内部監査人が，経営諸活動が効果的かつ効率的に行われているかどうかを調査・検証し，その結果を最高経営者に報告することによって，最高経営者がその経営責任を適切に履行できるように支援するのが内部監査の基本的な役割である。

　内部監査基準による内部監査の定義では，内部監査の目的が明らかにされている。すなわち，内部監査の目的は，組織体の経営目標の効果的な達成に役立つことである（GIASでは，組織体の業務に付加価値を与え，改善することである）。そして，内部監査は，この目的を果たすために，経営諸活動の遂行状況について客観的な意見を述べ，助言・勧告を行う業務であるとされている。

　この業務は，**アシュアランス業務**と呼ばれている。GIASは，アシュアランスを，確立された基準と比較した場合に，レビューの対象となる課題，条件，主題，活動に関する組織のガバナンス，リスク・マネジメント，コントロールの各プロセスについて，利害関係者の信頼度を高めることを意図した声明と定義している。したがって，こうした声明を発する業務がアシュアランス業務ということになる。

　また，内部監査には，経営諸活動の状況を評価するだけではなく，特定の経営活動の支援を行う業務も含まれており，こうした業務は**アドバイザリー業務**と呼ばれる。アドバイザリー業務は，内部監査人が保証を提供したり経営責任を負ったりすることなく，組織の利害関係者に助言を提供する業務である。その性質と範囲は，関連する利害関係者との合意にしたがい，例えば，新たな方針，プロセス，システム，製品の設計や導入に関する助言，フォレンジック・サービスの提供，研修の提供，リスクや統制に関する議論の促進などがある。アドバイザリー業務は，**コンサルティング業務**とも呼ばれる。

　内部監査基準とGIASが定める内部監査の業務を比較する形で示すと，【図

表1－1】のようになる。

【図表1－1】　内部監査の業務

アシュアランス業務	
内部監査基準	組織体の経営目標の効果的な達成に役立つために，経営諸活動の遂行状況について客観的な意見を述べ，助言・勧告を行う業務
GIAS	確立された基準と比較した場合に，レビューの対象となる課題，条件，主題，活動に関する組織のガバナンス，リスク管理，統制のプロセスについて，利害関係者の信頼度を高めることを意図した声明を発する業務
アドバイザリー業務	
内部監査基準	特定の経営活動の支援を行う業務
GIAS	コンサルティング業務とも呼ばれ，内部監査人が，保証を提供したり経営責任を負ったりすることなく，組織の利害関係者に助言を提供する業務で，アドバイザリーサービスの性質と範囲は関連する利害関係者との合意にしたがう。

出所：内部監査基準およびGIASに基づき筆者作成。

　アドバイザリー業務ないしコンサルティング業務が含まれているのが内部監査の特徴だということもできるが，本書では，とくに必要な場合を除いて，アシュアランス業務だけを取り扱うことにする。

3. 監査の機能と構造

　1972年にアメリカで，アメリカ会計学会の委員会による監査の基礎的な概念に関する研究の成果として，**ASOBAC**（A Statement of Basic Auditing Concepts；アソバックと読む）という呼称で知られる**「基礎的監査概念ステートメント」**（鳥羽［1982］）が公表された。そこでは，利害の対立，影響の重大性，複雑性ならびに遠隔性という4つの要因があるときに，監査の機能が必要になると分析されている。

(1)　利害の対立

　当事者，例えば会計情報の提供者と利用者との間に利害の対立があると，利用者は，提供者が自らにとって都合のよい情報だけを提供したり，都合の悪い情報を意図的に隠したりするのではないかという疑いをもつ可能性がある。このような場合には，情報の提供者と利用者の間の利害対立に関係のない者による，情報の信頼性に対する監査が必要とされるのである。

(2)　影響の重大性

　影響の重大性，すなわち情報利用者が誤った情報によって不適切な意思決定に導かれ，重大な損害を被る恐れがあるような場合には，情報利用者は，提供される情報に誤りがないかどうかを確かめるために，監査を必要とするだろう。

(3)　複　雑　性

　経済事象を情報に転換する会計のようなプロセスが複雑になると，専門的な

知識をもたない情報利用者は，そうしたプロセスについて理解することが難しくなる。その結果，情報利用者は，当該プロセスによって作成された情報が適正なものであるかどうかを，直接確かめることができなくなる。このような場合に，そうしたプロセスについての専門的知識をもつ者による監査が必要とされるのである。

(4) 遠 隔 性

　情報の利用者は，物理的な距離，法律的・制度的な障壁，時間的・経済的な制約などによって，提供される情報の正しさを直接確かめられない場合がある。このような場合には，利用者は，第三者に依頼して，提供される情報の信頼性を監査してもらう必要があると考えるだろう。

　このように，情報の利用者が，提供される情報を無条件で信用できないような要因が存在する場合には，専門的な知識をもち，情報の提供者から独立した第三者による，客観的な検証機能としての監査が要請されることになる。そして，一般に，例えば情報の信頼性のような，監査対象の質を確かめ，これを保証することが監査の本質的な機能と理解されるのである。

　これらの要素の関係は，【図表１－２】のように示すことができるだろう。

【図表 1 - 2 】　監査の構造

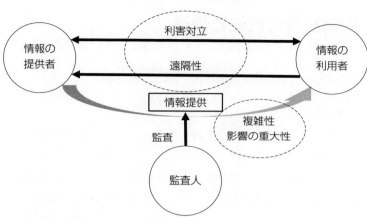

出所：筆者作成。

4. 内部監査の機能と構造

内部監査基準は，内部監査の必要性を次のように説明している。

---

1. 内部監査の必要

　組織体が，その経営目標を効果的に達成し，かつ存続するためには，ガバナンス・プロセス，リスク・マネジメントおよびコントロールを確立し，選択した方針に沿って，これらを効率的に推進し，組織体に所属する人々の規律保持と士気の高揚を促すとともに，社会的な信頼性を確保することが望まれる。内部監査は，ガバナンス・プロセス，リスク・マネジメントおよびコントロールの妥当性と有効性とを評価し，改善に貢献する。経営環境の変化に迅速に適応するように，必要に応じて，組織体の発展にとって最も有効な改善策を助言・勧告するとともに，その実現を支援する。

（以下省略）

　組織体にとっては，その経営目標を効果的に達成し，経営活動を継続することが重要である。そのための必要条件として，ガバナンス・プロセス，リスク・マネジメントおよびコントロールを確立し，有効に運用していかなければならない。

　そこで，ガバナンス・プロセス，リスク・マネジメントおよびコントロールの妥当性と有効性とを評価し，必要に応じて，組織体の発展にとって最も効果的な改善策を助言・勧告し，その実現を支援するために内部監査の機能が必要とされているのである。

　ちなみに，GIASでは，内部監査による評価の対象としてのガバナンス，リスク・マネジメントおよびコントロールについて，次のように説明されている。

> **ガバナンス**
>
> 　組織の目的達成に向けた活動を通知，指示，管理，監視するために，理事会が実施するプロセスと仕組みの組み合わせ。
>
> **リスク・マネジメント**
>
> 　組織体の目標達成に関して合理的なアシュアランスを提供するために，潜在的な事象または状況を識別，評価，管理およびコントロールする一連の手続。
>
> **コントロール**
>
> 　組織の目的達成に関して合理的な保証を提供するために，潜在的な事象や状況を特定，評価，管理，統制するプロセス。

　なお，日本の内部監査基準とGIASで用語に違いがあるが，両者の意味に本質的な違いはないように思われる。翻訳の問題とも言えるが，実務において混乱を招くことのないように，こうした用語の違いは解消されることが望ましい。

　ここで注意すべきなのは，ガバナンスもリスク・マネジメントもコントロールも，手続や活動が形式的に整っているだけでなく，手続や活動が実際に行われていなければならないという点である。内部監査による評価も，こうした観点から行われることになる。

　さて，内部監査の機能および構造は，前節で見た一般的な意味での監査と特に異なるところはない。

　例えば，会社内部で伝達される情報に対する内部監査を考えてみよう。この内部監査は，経営活動にかかわる情報を作成して報告する従業員，当該情報の利用者である経営者，および当該情報の信頼性について監査する内部監査人によって成立する（【図表1-3】）。

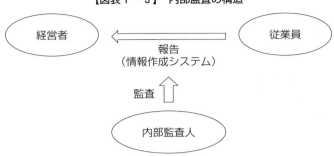

【図表1－3】 内部監査の構造

出所：筆者作成。

　経営者は，経営上の意思決定を行うにあたって，事業部門から提供される情報を活用する。しかし，提供される情報に重大な虚偽や誤りが含まれていると，経営者は誤った意思決定に導かれる恐れがある。

　こうした事態を防ぐために，適正な情報が作成されるように情報システムが適切に整備され運用されているかどうかを検証する，内部監査の機能が必要となる。そして，組織体の経営活動全般にかかわる情報の作成システムが内部監査の対象になるのである。

　経営者は，従業員をはじめとする組織体の構成員が行う業務を管理・監督する責任を負っている。しかし，組織体の大規模化や経営活動の複雑化，時間的あるいは物理的な制約などによって，経営者が組織体の業務を逐一直接管理・監督するのは難しくなった。このため，経営者は，組織体内に，**内部統制**と呼ばれる管理・監督システムを構築するようになったのである。

　内部統制は，組織体の構成員による業務プロセスを，構成員自らに相互チェックさせることによって，経営者が業務プロセスを間接的に管理・監督できるようにする。そして，構成員自身による相互チェックが有効に機能しているかどうかを，業務プロセスから独立した視点から監視する役割を内部監査が担うことになったのである。

　内部監査は，今日の内部統制においても基本的要素の1つであるモニタリング（監視活動）において，独立的評価として，通常の業務から独立した視点で，

定期的または随時に行われる内部統制の評価を担うものと位置づけられている。

・**内部統制**とは，基本的に，業務の有効性及び効率性，報告の信頼性，事業活動に関わる法令等の遵守並びに資産の保全の4つの目的が達成されているとの合理的な保証を得るために，業務に組み込まれ，組織内の全ての者によって遂行されるプロセスをいい，統制環境，リスクの評価と対応，統制活動，情報と伝達，**モニタリング（監視活動）**及びIT（情報技術）への対応の6つの基本的要素から構成される。

・**モニタリング**とは，内部統制が有効に機能していることを継続的に評価するプロセスをいう。モニタリングにより，内部統制は常に監視，評価及び是正されることになる。モニタリングには，業務に組み込まれて行われる日常的モニタリング及び業務から独立した視点から実施される独立的評価がある。

・**独立的評価**は，日常的モニタリングとは別個に，通常の業務から独立した視点で，定期的又は随時に行われる内部統制の評価であり，経営者，取締役会，監査役等，**内部監査**等を通じて実施されるものである。

（強調：筆者）

（金融庁・企業会計審議会『財務報告に係る内部統制の評価及び監査の基準』より）

　内部監査は，内部統制が意図したとおりに有効に機能しているかどうかを監視する役割を担っている。そして，もし内部統制の機能に問題があれば，それを報告したり改善を図ったりする役割も期待されているのである。

5. 内部監査人の独立性

(1) 独立性の意義

一般に，監査が有効に実施されるためには，監査人の独立性の確保が不可欠な要件となる。

監査人の独立性には，2つの側面がある。1つは，監査人が他からの制約を受けることなく，公正不偏の態度を保持した上で，監査にかかわる判断を下せることである。もう1つは，監査人が，その公正不偏性に疑いを招くような立場にないことである。前者は**精神的独立性**または実質的独立性と呼ばれ，後者は**外観（外見）的独立性**または形式的独立性と呼ばれる。

GIASは，精神的独立性の保持に相当するものとして，客観性の維持について規定している（原則2）。客観性は，内部監査人が妥協することなく，専門的な判断を下し，責任を果たし，内部監査の目的を達成するための不偏不党の精神態度と定義されている。そして，内部監査人が客観性を維持する能力は，独立した立場の内部監査機能によってサポートされるとしている。

一方，GIASでは，独立性は，内部監査機能が公平な方法で内部監査の責任を遂行する能力を損なう可能性のある状況からの自由と理解されている。そして，内部監査部門が内部監査の目的を果たすことができるのは，最高監査責任者が取締役会に直接報告し，資格を有し，内部監査部門が干渉されることなくその業務を行い，責任を果たすことができる組織内のレベルに位置している場合のみであるとされ（原則7），独立性の保持が効果的な内部監査の実施にあたって極めて重要な要件であることが示唆されている。

内部監査基準における内部監査の定義（本質）では，内部監査は，独立の立場で経営諸活動の遂行状況を評価し，これに基づいて客観的意見を述べる業務であるとされている。独立の立場はGIASのいう独立性と同義であり，客観的

意見は，内部監査人が不偏不党の精神態度で形成して表明する意見を意味する。

(2)　内部監査人の独立性

金融商品取引法に基づいて行われる財務諸表監査では，公認会計士または監査法人である監査人が，監査の対象となる財務諸表を作成する会社から，完全に独立した立場で監査を実施する。会社と特別な利害関係のない公認会計士または監査法人が会社と監査契約を締結し，独立監査人となって会社の財務諸表の監査を行うのである。

これに対して，内部監査は，一般に，組織体における人事異動によって内部監査部門へ配属された従業員が内部監査人となって行う監査である。この場合，組織体と内部監査人との間には雇用関係があり，内部監査人が監査対象となる経営諸活動を行う組織体に対して独立性を保持することは，精神的にも外観的にも難しい。

このため，内部監査人には，所属する組織体に対してではなく，監査の対象となる業務部門に対する独立性の保持が求められているものと考えることができる。ただし，この場合でも，内部監査人となった者が直前まで所属していた業務部門が監査対象に含まれることがある。

内部監査人の独立性を確保し，公正かつ客観的な判断ができるようにするためには，直前に所属していた部門に対する監査業務を担当させないといった措置が必要である。しかし，部員の数が少なく人員に余裕のない内部監査部門では，こうした措置を取ることができないことが十分に考えられる。

ややデータが古いが，2017年に日本内部監査協会が実施した調査（「第19回監査総合実態調査2017年監査白書」）によれば，内部監査部門の人数が1人から3人と回答した会社の割合が合わせて50％を超えており，こうした状況は少なくとも2007年以来変わっていない。内部監査人には，公正不偏の態度で監査を実施しなければ，組織体の目的達成に貢献することができないばかりか，組織の存続を危うくするような事態を招くこともあるという，強い自覚が求めら

れることになる。

　なお，内部監査部門の組織上の位置づけが，内部監査人の独立性に影響する
場合がある。このため，内部監査基準は，内部監査部門を，内部監査の独立性
が十分に保持され，内部監査の結果としての指摘事項，助言および勧告に対
して適切な措置を講じ得る経営者層に所属させなければならないとしている
　（2.2.2）。

6．内部監査人の専門的能力

　内部監査は，事実や記録の単なる突き合わせ作業ではない。事実や記録の調査・検証に基づいて，組織体のガバナンス，リスク・マネジメントならびにコントロールの各プロセスにかかわる活動が，組織体の経営目的の達成に向けて有効かつ効率的に運用されているかどうかについて内部監査人が評価・判断した結果を，意見として関係者に報告する業務である。

　内部監査がその機能を発揮できるかどうかは，内部監査人が的確な判断を下せるかどうかにかかっている。このため，内部監査人には，的確な判断を行うことができる専門的能力や監査技能を備えていることが求められる。

　内部監査基準は，内部監査人に対して，その職責を果たすのに十分な知識，技能およびその他の能力を個々人として保持することを求めている（3.1.1）。

　内部監査人に求められる具体的な専門的能力や監査技能は，監査の対象や監査環境の違いなどによって異なる可能性がある。効果的な内部監査を実施するためには，個々の内部監査人が，自らが従事する監査業務に適合した，十分な専門的能力や監査技能を備えていなければならない。

　また，内部監査の品質を高め，監査結果に対する信頼を維持するために，内部監査人は，専門的能力や監査技能を維持・向上させるために，継続的に研鑽を積む必要がある。

　内部監査部門長は，部門全体として，内部監査の役割を果たすのに十分な知識，技能およびその他の能力を有するよう適切な措置を講じなければならず，特に内部監査人に対して，専門的知識，技能およびその他の能力を維持・向上することができるように支援しなければならない（内部監査基準3.1.2）。例えば，各種の研修会への参加や，内部監査にかかわる専門資格の取得を推奨するなどの形で，部門員を支援する必要がある。

　内部監査に係る専門資格としては，日本内部監査協会が認定している内部監

査士や，ⅠⅠAによって認定される**公認内部監査人**（Certified Internal Auditor；CIA）がある。CIAは，内部監査人の唯一国際的な資格であり，業務に精通したプロフェッショナルとして経営者の信頼を得て，21世紀のグローバル社会を勝ち抜くための最良の資格である。CIA資格認定試験は，内部監査人の能力の証明と向上を目的とした世界水準の認定制度で，世界約190の国と地域で実施されている（https://www.iiajapan.com/leg/certifications/CIA/）。

７．内部監査部門の組織上の位置づけと報告経路

　内部監査部門は，最高経営者に直属して，最高経営者の指示を受けて監査を
実施し，その結果を最高経営者に報告するものとされてきた。すなわち，内部
監査部門は，専ら最高経営者のために監査を行う部門と位置づけられていたの
である。

　今日でも，内部監査基準は，内部監査部門は組織上最高経営者に直属すると
規定している（2.2.1）。しかし，会社法に基づいて会社が採用する機関形態に
よっては，最高経営者以外の者の下に内部監査部門を位置づけるケースも現れ
ている。内部監査基準（2.2.2）は，こうしたケースを想定した規定を設けて
いる。

> 2.2.1　内部監査部門は，組織上，最高経営者に直属し，職務上取締役会
> 　　　から指示を受け，同時に，取締役会および監査役（会）または監査
> 　　　委員会への報告経路を確保しなければならない。
>
> 2.2.2　組織体の事情により内部監査部門を最高経営者以外に所属させよ
> 　　　うとする場合には，内部監査の独立性が十分に保持され，内部監査
> 　　　の結果としての指摘事項，助言および勧告に対して適切な措置を講
> 　　　じ得る経営者層に所属させなければならない。またこの場合であっ
> 　　　ても，取締役会および監査役（会）または監査委員会への報告経路
> 　　　を確保しなければならない。

　内部監査部門は，職務上は取締役会から指示を受けることとされ，内部監査
部門から取締役会および監査役（会）または監査委員会への報告経路を確保す
ることが求められている（内部監査基準2.2.1）。また，東京証券取引所が公表
している「コーポレートガバナンス・コード」は，上場会社に対して，取締役
会および監査役会に対して適切に直接報告を行う仕組みを構築し，内部監査部

門と取締役・監査役との連携を確保することを求めている（補充原則 4 − 13 ③）。

なお，現行の内部監査基準は，2014（平成26）年に改訂を受けたものであるため，2015（平成27）年の会社法改正による監査等委員会設置会社の創設が反映されていない。この機関形態を採用する会社では，内部監査部門から監査等委員会への報告経路の確保が求められることになる。

報告には，何らかの任務を与えられた者が，当該任務の遂行状況や結果などを，任務を与えた者に対して述べることという意味がある（『広辞苑』，『大辞泉』など）。内部監査部門は，組織上，最高経営者に帰属することから，内部監査部門長は，最高経営者の指示の下で部門を運営し，予算の承認，従業員の評価および人事管理などに関する事項について最高経営者に報告する。そして，職務上は取締役会から指示を受けて内部監査の業務を実施し，その結果を意見や発見事項などとして取締役会および最高経営者に報告するのである（有限責任監査法人トーマツ［2022］）。

第 2 章 　内部監査の基準

1．内部監査基準の意義

　内部監査が任意監査であるとはいえ，コーポレートガバナンス・コードの補充原則に取り入れられたり，企業内容開示制度において有価証券報告書等の記載事項の項目に内部監査の実効性を確保するための取組みの具体的記載が求められたりするなど，上場会社においては，事実上，強制されているのと変わらない状況になってきた。こうした要請に応え，内部監査が社会的信頼性を得るためには，各組織体において実施される内部監査が準拠する内部監査規程が，社会的に認められた内部監査基準に適合していなければならない。すなわち，優れた内部監査実務の基本原則を内部監査基準として示すことで，それが各組織体の内部監査規程に取り入れられ，内部監査の実践規範として機能させる。これにより，社会的に認められた一定水準以上の内部監査の実施が確保されるのである。

　したがって，内部監査基準は，内部監査の実務を直接的に規制しようとするものではなく，内部監査のベスト・プラクティスの基本原則，すなわち内部監査において何をすべきか，なぜすべきかを示したもので，どのように実施すべきかといった監査手続を示したものではない。

2．内部監査基準の変遷

　わが国において内部監査基準が初めて制定されたのは，1960（昭和35）年のことである。このときの基準は，その「まえがき」において，内容的には内部監査のあるべき姿を理想的に打ち出すというよりは，当時の各企業の内部監査の現状を考慮に入れて，それが当面していた問題点を打開するための考え方を明らかにする一方，合理的に内部監査を運営するための基準になることを意図していたことが明記されている。さらに，個々の企業が内部監査を具体的に実施するにあたっては，その実情に応じて基準を適用することが求められていた。こうしてみると，制定時の「内部監査基準」は，優れた内部監査実務の基本原則という性質は非常に薄いようである。その理由として考えられるのは，当時は内部監査についての経営者および被監査部門の理解が浅く，ベスト・プラクティスのみを提示するよりかはむしろ，内部監査の意義と目的，必要性，領域などを付して内部監査に対する正しい理解を醸成しようとしていたことが背景にあると思われる。

　その後，内部監査に対する理解の深化，内部監査の影響範囲の拡大，内部監査を取り巻く環境変化などによって，内部監査は，1977年，1996年，2004年，2014年と改訂を重ねていった。また，これら制定・改訂を受けて，実務に適用する際の留意事項等を示した実務指針（名称はその時々で異なる）が公表されている。この基準と実務指針が1組となって，いわば内部監査のフレームワークを構成している。

【図表2－1】 わが国の「内部監査基準」等の変遷

1960年	内部監査基準	制定
1963年	業務監査指針（中間報告）	公表
1977年	内部監査基準	改訂
1982年	標準的内部監査制度の実践要綱	制定
1996年	内部監査基準	改訂
	内部監査基準実践要綱	制定
2004年	内部監査基準	改訂
2006年	内部監査基準実践要綱	改訂

　現行基準となった2014（平成26）年改訂は，①内部監査の法的環境の変化（会社法におけるさまざまな機関設計の容認，金融商品取引法における内部統制報告制度の導入など），②2004年以降の組織体をめぐる多数の不祥事の露見，③ビジネス・リスクの識別と内部監査へのリスクアプローチの導入要請，④ガバナンス・プロセス，リスク・マネジメント，コントロールの体系的内部監査の導入要請，⑤直近約10年間の企業活動の劇的な変化への対応，⑥国際基準改訂への対応を背景に実施された。

3．現行「内部監査基準」（2014年改訂）

(1)　改訂の経緯

　前述のとおり，「内部監査基準」の2014年改訂には，主に6つの背景がある（内部監査基準改訂の背景および主な改訂点）。

①　内部監査の法的環境の変化

　2005年の会社法の制定により，ガバナンスをめぐる機関設計の多様化が認められたこと，また業務の適正を確保するための体制の取締役会決議が法定されたことなどと関連付けられて内部監査に対する理解が普及した。さらに，金融商品取引法の2007年改正にともなう内部統制監査の導入は，内部統制それ自体への知識とともに内部監査の役割を広く認識せしめることとなった。また，金融商品取引法における法令違反等事実の発見への公認会計士または監査法人の対応に関する規定も内部監査での不正への対応に大きな影響を与えた。こうした法的環境の変化に対応するため，内部監査基準の改訂が実施された。

②　多数の不祥事の露見

　内部監査は，不正の摘発を目的に19世紀に実施されてきたことに始まる。その後，内部監査は，誤謬もその発見目的に加えることとした。次いで，この不正・誤謬の発見目的を後退させるとともにそれらの発生防止目的への転換がなされ，合理性の評価を志向した業務監査，さらには経営監査へと展開されてきた。しかしながら，近年になって露見した組織体の不祥事は，これまでの組織人の常識を覆すものであったとされる。すなわち，不正の防止措置が組織への忠誠心で補完されていたものが，組織体の構成員の忠誠心によって不正の発生をカバーすることができなくなってしまい，コントロールを十分に考えていか

なければならなくなった。

③　ビジネス・リスクの識別と内部監査へのリスクアプローチ
　の導入要請

　自由競争市場において，組織体は需要の欲求を満たすことができないとマーケットから脱落することになるため，これを阻止するよう，マーケットの変動やビジネス・リスクを意識した内部監査が求められる。マーケットの中で組織体が示す戦略的志向と，そこにどのようなリスクがあるかを十分考慮し，監査資源を勘案した上で，リスクの高いところに焦点を絞って監査を実施しなければ，組織体に役立つ内部監査にはなり得ない。したがって，そのためには内部監査基準はいかにあるべきかを考えなければならなくなっている。

④　ガバナンス・プロセス，リスク・マネジメント，コントロール
　の体系的内部監査の導入要請

　戦略の選択にともない識別されたリスクに迅速に対応した筋肉質の組織であるためには，トップの志向した方向に対して機敏に対応できる組織体であることが必要である。そのためには，内部ガバナンスを十分に整備しなければならない。さらに，そこにリスク・マネジメント，コントロールが体系的に一貫していて，トップの意識したリスクが組織体の末端まで周知されていくことが確保された体制にもっていく必要がある。こうした体制を評価する内部監査のあり方を内部監査基準に盛り込む必要性があった。

⑤　直近約10年間の企業活動の劇的な変化への対応

　企業集団管理の高度化，生産拠点の海外比重の増加，ITセキュリティの重視，個人情報保護への関心の増大といった，前回の基準改訂からの約10年間における企業活動の変化は著しい。内部監査は，これらに関しての問題点を先取りしてリスクを評価し，監査を実施しなければならなかったが，内部監査基準がその指針を提供することが困難になってきた。

⑥　国際基準改訂への対応

　内部監査人の世界的職業団体であるⅠⅠAは，"International Standards for the Responsibilities of Internal Auditing"（「内部監査の専門職的実施の国際基準」；国際基準）を制定・改訂してきたが，2004年に日本の内部監査基準が改訂されて以降も，数次の改訂を行ってきた。したがって，国際基準の変更点を取り込むべく検討が必要になった。

(2)　内部監査基準の目的と構成

　現行基準の目的は，①内部監査の実務において範となるべき基本原則を明らかにすること，②組織体の目標達成のために内部監査を実施し，これを推進するためのフレームワークを提供すること，③内部監査の実施とその成果を評価する規準を確立すること，④内部監査が組織体の運営プロセスや諸業務の改善の促進に役立つこと，⑤内部監査の実施内容の開示に関する要件の基礎を提供することにある，としている。しかし，各組織体における内部監査は，設置の目的，適用される法令，業種とその競争状況，規模，その他組織体の環境や組織体特有の条件により，その実施の方法を異にしている。したがって，この基準を適用するにあたっては，個々の組織体に特有の条件を理解し，勘案して，この基準を前提にしながら，個々の組織体に真に適合する内部監査の実施方法をとっていく必要がある。

　また，各組織体において特有の内部監査の実施方法がとられたとしても，内部監査人がその責任を果たすにあたっては，この基準が尊重されなければならない。内部監査基準は，組織体における内部監査にあたり，実施可能にして合理的である限り遵守されなければならない性質のものである。したがって，内部監査人は，この基準に示されている内容が実施可能にして合理的であるかを判断して内部監査を実施し，みずからの精神的態度の公正不偏性（客観性）を保持することが重要である。

　現行の内部監査基準は，以下のような構成となっている。

【図表2-2】 内部監査基準の構成

> 内部監査の必要および内部監査基準の目的・運用
> 第1章　内部監査の本質
> 第2章　内部監査の独立性と組織上の位置づけ
> 第3章　内部監査人の能力および正当な注意
> 第4章　内部監査の品質管理
> 第5章　内部監査部門の運営
> 第6章　内部監査の対象範囲
> 第7章　個別の内部監査の計画と実施
> 第8章　内部監査の報告とフォローアップ
> 第9章　内部監査と法定監査との関係

(3)　現行基準の課題

　現行の内部監査基準は，改訂から10年を経ようとしていることから，GIAS
との整合性のほかに，少なくとも以下の点についての対応が必要になると思わ
れる。

　1つ目は，内部監査に関する情報開示についてである。現代は，多様な外部
利害関係者を意識しなければならない状況にある。外部利害関係者は，自らの
意思決定のために，組織体に対し自らのニーズを満たすような情報を求めるが，
必ずしも情報の信頼性を確認できるわけではない。もちろん，法定監査や外部
保証機関の利用により一定程度の信頼性が付与されている情報が伝達される場
合もあるが，そうでないものも多数存在する。組織内にあっては，情報の作成
過程，伝達過程は，ガバナンス・プロセスの一部として内部監査の対象になっ
ていることで，相応の信頼性があるはずである。しかし，そのことは外部利害
関係者にとってはブラックボックスであって，わからない。どのような意図を
もって設置された内部監査部門が，どのような監査資源をもち，どのように内
部監査を行っているのかの情報を開示する仕組みが必要であろう。実際，企業
内容開示制度において有価証券報告書等の記載事項の項目に内部監査の実効性

を確保するための取組みの具体的記載が求められていることに鑑みると，内部監査に関する情報開示の仕組みに係る事項を早急に内部監査基準に包摂する必要があろう。

　2つ目に，監査対象に係る問題への対応がある。内部監査は，内部統制の構成要素を監査対象とする。そうしてみると，COSO統合的フレームワークでいうところの「統制環境」やCOSO・ERMでいうところの「ガバナンスとカルチャー」をどのように監査していくかが問題となる。この問題は，「内部監査基準」本則で扱うというよりも実務指針などで監査の視点を示す必要があり，特に「カルチャー」を監査することの意義や監査手法に対する考え方を示す必要がある。さらには，改善勧告の実効性の担保をどのように行うかが問題である。というのも，統制環境やカルチャーはトップマネジメントの影響下にあり，それらの改善勧告はすなわちトップマネジメントへのダメ出しに等しい。したがって，内部監査人の心的負担は非常に大きなものと思われるが，このことへの対応がデュアルレポートのみで解消されるかどうかについて再度考える必要があるのではなかろうか。

　3つ目に，機関設計と内部監査の機能のあり方，すなわち内部監査のマネジメント支援とガバナンス支援へのかかわり方を整理し，内部監査の組織上の位置づけや報告先に関する規定を整理することが必要であろう。2020年7月にはIIAの3ラインディフェンスモデルが，3ラインモデルに改訂されているが，この3ラインモデルの説明では，内部監査はマネジメントの信頼されるアドバイザーであり，戦略的パートナーであることが期待され，ガバナンス機関に対してアカウンタビリティを有するとされている（第7章2参照）。こうした考え方なども取り込みつつ，内部監査の機能と組織上の位置づけをセットにした内部監査の位置づけの規定を考えなければならない。その際，取締役会の性質がマネジメント・ボードなのかモニタリング・ボードなのかによって，すなわち機関設計ごとに内部監査の位置づけを変える必要があるかの検討が求められる。

　4つ目に，内部監査基準と実務指針が内部監査のフレームワークを構成する

とした場合，今後新たに生起する課題に対応可能なフレームワークになっているのであろうか。現在，内部監査が喫緊の対応に迫られている問題にサステナビリティ情報の監査がある。この問題は，サステナビリティに関する考え方，とくにリスク管理が重要になってくるが，この場合，マネジメント層の考え方や意向を理解していないと内部監査は対応できない。同様に，新たに生起する問題は，マネジメントとの情報交換なり，情報共有が不可欠であろうと推測される。もしそうであるならば，内部監査はマネジメントとどのような関係を構築すべきであろうか。前述の内部監査の位置づけと併せて検討しなければならないであろう。

4．ⅠⅠA基準の変遷と概要

　ⅠⅠAは1941年に創設され，1947年には "Statement of Responsibilities of the Internal Auditors"（「内部監査人の責任に関する意見書」）を公表した。これは，内部監査人の職責を明確にし，何をする仕事なのかをはっきりさせて，内部監査の職業団体としての基盤を確固なものにすることを目的にしたものであったが，タイトルこそ内部監査基準とはなっていないものの，いわばアメリカの内部監査基準とでもいうべきもの（青木［1981］）で，1957年，1971年，1976年に改訂されている。

　1978年には，これまでの意見書とは別に，"Standards for the Responsibilities of Internal Auditing"（「内部監査の専門職的実施の基準」）が制定された。この基準が制定された背景は，1970年代に多発した贈収賄事件への対応として1977年に制定された海外不正支払防止法や，1978年の証券取引法による上場会社に対する監査委員会の設置義務，内部統制システムの整備の要請がある。ⅠⅠAにおいても，この機会をとらえて，内部監査の重要性への認識と役割の一層の飛躍を求めることを意図していた（青木［1981］）。

　すなわち，内部監査部門の経営組織上の地位と，客観性についての記述を通して，内部監査人の独立性を強く取り上げている。これには，内部監査機能への信頼性を高めなければならないという考え方が根底にある。また，信頼される内部監査たり得るためには，内部監査人としての職業上の正当な注意など内部監査における人的要件が重要であることを示している。さらに，内部監査業務の範囲として内部統制システムの妥当性と有効性を示し，加えて内部監査部門の管理についても言及している。これにより組織体内外に信頼される内部監査を構築することを目指した。

　ⅠⅠAは，1978年の基準制定以来，数次の改訂を行い，1999年には，基準，倫理綱要，実践要綱，その他で構成した "Professional Practice Framework"（専

門職的実施のフレームワーク；PPF）を公表した。さらに2004年には，基準を世界的規模で普及させるために"International Standards for the Responsibilities of Internal Auditing"（「内部監査の専門職的実施の国際基準」；国際基準）に改訂し，2009年にPPFを"International Professional Practice Framework"（専門職的実施の国際的フレームワーク；IPPF）に改訂，さらに2015年，2017年と改訂が行われた。

【図表2-3】 IPPF（2017年改訂）の構成

出所：吉武［2023］。

IPPFは，IIAの内部監査専門職のグローバルな基準設定機関としての地位を強化しながら，IIAの正式なガイダンスを必要な時にいつでも容易に入手可能な形で体系化したものである。IPPFは，現時点での内部監査の実務に対応すると同時に，世界中の実務家や利害関係者が，多様な環境や，目的，規模，構造の異なる組織において，質の高い内部監査の継続的なニーズに柔軟に対応できるようにするものである。

IIAは，①IPPFの必須の構成要素を厳守するよう導くこと，②広範な付加価値の高い内部監査業務を実施し推進するためのフレームワークを提供すること，③内部監査の実施状況を評価するための基礎を確立すること，④内部監査

組織のプロセスや業務の向上を促すこと，を意図している。

　さらに，国際基準は，Attribute Standards（「属性基準」）とPerformance Standards（「実施基準」）の2つの部分から成る。「属性基準」は，内部監査を実施する組織や個人の属性に関するものである一方，「実施基準」は，内部監査の業務の内容を明らかにするとともに，内部監査業務の実施状況を測る質的規準となるものである。「属性基準」および「実施基準」は，すべての内部監査業務に適用されることになっていた。

　2024年1月9日，IIAは国際基準を"Global Internal Audit Standards"（グローバル内部監査基準；GIAS）へ改訂させ，1年間の移行期間の後，2025年1月9日より適用させるとともに，IPPFも新たな構造へと移行させる。それは，従来の7つの文書類（「内部監査の使命」，「内部監査の専門職的実施の基本原則」，「内部監査の定義」，「倫理綱要」，「内部監査の専門職的実施の国際基準」，「実施ガイダンス」および「補足的ガイダンス」）を「グローバル内部監査基準（GIAS）」と「ガイダンス」の2つに整理，統合したものである。

【図表2－4】　新しいIPPFの構成

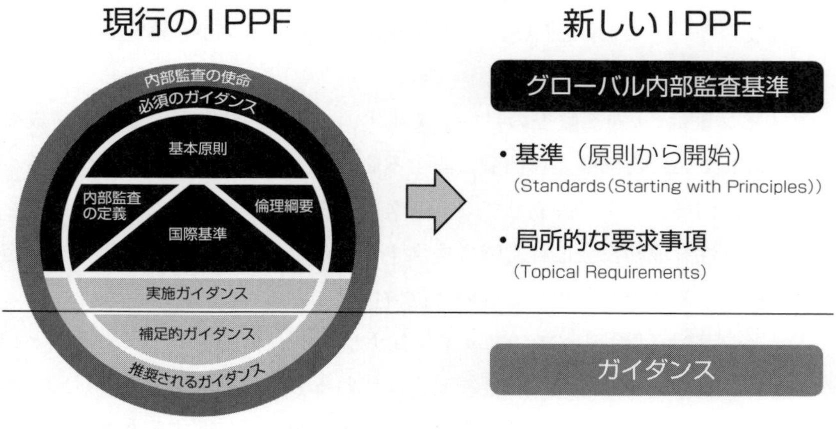

出所：吉武［2023］。

　GIASは，世界的な内部監査の専門職的実施の基準であり，内部監査機能の

質を評価し，向上させるための基礎となるものであって，かつ社会課題や公益を強く意識している。すなわち，内部監査は，ガバナンス，リスク・マネジメントおよびコントロールを強化する機能であり，その効果は組織体外部にも及ぶ。内部監査が，業務の効率性，報告の信頼性，コンプライアンス，資産の保全，倫理的カルチャーについて保証を提供することで，組織体全体の安定性と持続可能性に貢献する。その結果，組織体とそれが属する広範なシステムに対する社会の信頼と信用が醸成される。このように内部監査は，社会課題や公益に奉仕する組織体の能力を高める上で重要な役割を果たしている。また，GIASには，効果的な内部監査を可能にする15の原則が設定されている。各原則は，要求事項，基準の実施にあたって考慮すべき事項，基準に適合していることを示す証拠の例によって構成されている。

　GIASは，内部監査部門および内部監査部門長を含む内部監査人個人に適用される。内部監査部門長は，内部監査部門がすべての原則と基準を実施し，それらに適合していることに責任を負うが，すべての内部監査人は，主に「ドメインⅡ：倫理とプロフェッショナリズム」と「ドメインⅤ：内部監査業務の実施」に示されている各自の職責の遂行に関連する原則と基準に適合していなければならない。なお，GIASは，以下の5つのドメインから構成されている（ⅡA［2024］）。

　ドメインⅠは，「内部監査の目的」であり，これまでIPPFの様々な構成要素に分散していた内部監査専門職に関する記述を1つにまとめたものである。ここでは，内部監査を，独立して，リスクに基づいて，客観的な保証，助言，洞察，先見性を取締役会と経営陣に提供することにより，組織体の価値を創造，保護，維持する能力を強化するものと位置付けている。

　ドメインⅡは，「倫理とプロフェッショナリズム」に関する5つの原則と13の基準から成り，かつての「倫理綱要」に代わるもので内部監査人の行動に関する基準を組み込んでおり，専門職としての正当な注意に関する基準を含めることで，より充実したものとなっている。ドメインⅡに準拠することで，内部監査という職業に対する信頼が生まれ，内部監査部門内に倫理的カルチャーが

形成され，内部監査人の業務と判断に対する信頼の基礎が提供されるとしており，すべての内部監査人が準拠すべきとされる。また，内部監査部門長は，部門としての適合性に責任を有する。なお，5つの原則は，以下のとおりである。

原則1：内部監査人は，自らの業務と行動において誠実さを示す。

原則2：内部監査人は，内部監査業務を遂行し，意思決定を行うにあたって，公平かつ公正な態度を保持する。

原則3：内部監査人は，自らの役割と責任を果たすために，知識，技能および能力を活用する。

原則4：内部監査人は，内部監査業務の計画と実施にあたって，専門職としての正当な注意を払う。

原則5：内部監査人は，情報を適切に利用し保護する。

　ドメインⅢは，「内部監査部門に対するガバナンス」に関する3つの原則と9の基準から成り，取締役会等の役割を明確にしている。内部監査部門が効果的であるようにするためには適切なガバナンス体制が不可欠であり，内部監査部門長に対して取締役会と緊密に連携し，内部監査部門を確立するとともに独立した位置づけにし，内部監査部門を監督するよう要請している。また，取締役会の責任をサポートし，内部監査部門をしっかりとガバナンスしようとするシニア・マネジメントの責任についても概説している。なお，3つの原則は，以下のとおりである。

原則6：取締役会は，内部監査部門の権限を定め，承認し，支援する。

原則7：取締役会は，内部監査部門の独立性と資格を確立し，保護する。

原則8：取締役会は，内部監査部門の有効性が確保されるよう監督する。

　上記の原則が取締役会を主語にしていることから思料できるように，ドメインⅢは，取締役会からの支援がなければ内部監査機能は十分に果たせないというジレンマを克服するために設けられている。また，従来は国際基準に適合していると内部監査は組織体に価値を付加していると解されていたが，国際基準

への適合が即，組織体への価値の付加であるとは必ずしもいえないのではないかとする反省から，取締役会の期待や要望をもっと反映させ，内部監査に対する取締役会からの監督や支援を得ようとする必要性を認識していることの現れでもある。

　ドメインⅣは，「内部監査部門の管理」に関する4つの原則と16の基準から成り，内部監査部門長の役割を明確にし，内部監査部門を運営する上での方向性を示している。なお，4つの原則は，以下のとおりである。

原則9 ：内部監査部門長は，内部監査部門がその権限を行使し，長期にわたって成功を収めるよう当該部門の位置づけを戦略的に計画する。

原則10：内部監査部門長は，内部監査部門の戦略を実行し，その計画と権限を達成するために，監査資源を管理する。

原則11：内部監査部門長は，内部監査部門がステークホルダーと効果的にコミュニケーションできるよう指揮する。

原則12：内部監査部門長は，内部監査部門がグローバル内部監査基準に準拠し，継続的なパフォーマンスの向上に責任を負う。

　ドメインⅤは，「内部監査業務の実施」に関する3つの原則と14の基準から成り，内部監査業務を効果的に実施するために内部監査人が何をすべきかが示されている。なお，3つの原則は，以下のとおりである。

原則13：内部監査人は，体系的で規律あるアプローチを用いて各業務を計画する。

原則14：内部監査人は，業務目的を達成するために業務プログラムを実施する。

原則15：内部監査人は，監査結果を適切な関係者に伝達し，勧告や改善計画に対するマネジメントの進捗状況をモニタリングする。

　また，最後に公的部門への適用に関する事項が設けられており，GIASがあらゆるタイプの組織体における内部監査部門に適用されるものの，公共部門の

内部監査人が，民間部門とは異なるガバナンス，組織体，資金調達構造や政治的環境の中で働いていることに鑑みて，GIASを公的部門で適用する場合に考慮すべき事項を説明している。

5．日本基準とIIA基準の関係

　IPPFは，内部監査が多様な環境で，あるいは目的，規模および組織構造が異なる様々な組織体の中で実施されることに鑑み，グローバルに対応すること，すなわち内部監査の意義がよく理解され，その実務も高度化している国や地域とそうでない国や地域のどちらでも内部監査実務において役立たなければならない性質を併せもっている。

　一方，日本基準である「内部監査基準」は，その制定時（1960年）においては，「内容的に内部監査のあるべき姿を理想的に打ち出すというよりは，各企業の内部監査の現状を考慮に入れて，それが現在当面している問題点を打開するための考え方を明らかにし，また合理的に内部監査を運営するための基準たらしめることを意図したもの」（まえがき）であったが，時代の要請に応え改訂が行われてきた。

　IPPFと日本基準の関係については，日本基準は上述の通り，当初，日本国内の状況に合わせた内容になっていたが，日本経済の発展に伴う海外進出，日本の内部監査実務の進展とともに，IIA基準（フレームワーク化されるのは1999年，国際フレームワークとなるのは2009年）が意識されるようになる。とくに日本内部監査協会がIIAのNational Instituteとなる1986年以降，日本基準は，IIA基準のキャッチアップのもと日本の内部監査実務をあるべき姿にするための基準となっていく。すなわち，1996年改訂以降，日本基準は，IPPFを逸脱しない内容でなければならず，逸脱が許されるのは，法令や実務慣行上の理由やIPPFの内容よりもさらに先進的な内容を盛り込む場合に限られ，さらにIIAの承認を得た場合となっている。したがって，現行の「内部監査基準」（2014年改訂）は，日本の法令，実務慣行によってカスタマイズされたIPPFとみることができ，日本基準を遵守していれば，IPPFを遵守しているとみなされることになる。ただし，今回改訂されるIPPFと比較した場合，現行

日本基準にはGIASのドメインⅢに対応する規定がないこともあって，その解釈は留保されるかもしれない。

第**3**章 **内部監査のプロセス**

1．内部監査の体制整備

　組織体がその経営目的を効果的に達成し，経営活動を継続するためには，ガバナンス・プロセス，リスク・マネジメントおよびコントロールを整備し，これらを効果的に運用しなければならない。そして，これらの整備および運用状況を内部監査によってモニタリングし，必要に応じて改善を図る必要がある。

　本章では，経営目的の達成を支援する内部監査が，どのような手続によって実施されるのかを，内部監査のプロセスに沿って具体的に見ていく。

　内部監査は，おおむね【図表３－１】に示すように進められる。

【図表３－１】　内部監査のプロセス

| 監査計画 | 予備調査 | 本調査（往査） | 評価・結論 | 監査報告 | フォローアップ |

出所：筆者作成。

　監査計画を出発点とする内部監査のプロセスに入る前に，組織体は，内部監査を効果的かつ効率的に実施するための体制を整備する必要がある。

　内部監査基準は，内部監査人が内部監査を実施するにあたって遵守すべき事項や，実施することが望ましい事項を示している。しかし，内部監査基準の実務への適用に際しては，個々の組織体が，それぞれに固有の状況や条件などを考慮して，監査を最も効果的に実施できる方法を採用する必要がある。このため，具体的な監査体制や監査手続の中身は，それぞれの組織体が独自に定めることになる。

　内部監査の役割や機能が期待通りに果たされるためには，内部監査の実施を指示する最高経営者や取締役会だけでなく，監査を受ける業務部門を含む組織体のすべての構成員が，内部監査の役割や機能を適切に認識し，理解している

必要がある。また，内部監査人自身も，自らに期待されている役割，機能，職責を十分に理解しなければならない。内部監査の役割や機能，さらには監査手続の具体的な中身について組織体の全体で認識と理解を共有するために，**内部監査規程**が作成される。

　内部監査規程は，内部監査部門の使命，権限，責任，内部監査のプロセスや実施される手続などを規定し，組織体において内部監査を実施する際のフレームワークを提供する。内部監査基準は，内部監査の標準的なプロセスや手続の中身を定めることによって，内部監査に求められる最低限の品質水準の確保を図るものである。内部監査規程を設定して，組織体における内部監査の標準的なプロセスや手続を定めれば，当該組織体における内部監査の品質を一定以上の水準に保つことができるのである。

　内部監査は，組織体ごとに多種多様な業務を対象とする。このため，標準的なプロセスや手続を規程として定めてしまうと，組織体の業務に適合した監査の実施を妨げ，内部監査の有効性が損なわれるとの見方もあるだろう。

　しかし，内部監査人は，組織体の人事ローテーションによって，一定期間で入れ替わる可能性がある。このため，監査の実施をその時々の内部監査人のやり方に全面的に委ねることには，かえって監査の有効性を損ねるリスクがある。むしろ，具体的な監査のプロセスや手続の中身をある程度具体的に定めておくことによって，監査の最低限の品質水準を確保できるようにするほうがよいと考えられるのである。

２．リスク・アプローチ

　内部監査のプロセスは，**監査計画**の策定から始まるが，監査計画を策定する際には，組織体の経営目的の達成を阻害する要因としての**リスク**を考慮する必要がある。内部監査部門が監査を行うための人員，時間，予算などの資源の利用には，自ずと制約がある。このため，内部監査は，組織体におけるすべての業務を対象とするとはいっても，それらをいつでも網羅的に監査することができるわけではない。

　そこで，監査対象について，それぞれのリスクの大きさを評価した上で，その大きさに応じて配分する資源の量を加減することになる。これによって，限られた監査資源の配分を最適化し，全体としての監査の有効性を確保する監査手法が採用されているのである。こうした監査手法は，**リスク・アプローチ**と呼ばれている。

　リスク・アプローチでは，リスクが小さい監査対象に対しては，簡便な監査手続を選択することによって，利用する監査資源を節約する。一方，大きなリスクがあると評価された監査対象に対しては，節約された分を含めて監査資源を重点的に配分し，厳格な監査手続を実施する（**【図表３－２】**）。こうすることによって，少なくとも，組織体の経営にとって重大なリスクが，適切にコントロールされていることを確かめる監査手法がリスク・アプローチである。

【図表3－2】　リスクと監査資源の配分

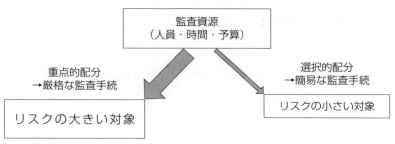

出所：筆者作成。

　リスク・アプローチは，経営目的の達成に対する重要な阻害要因に関しては，それが適切にコントロールされているかどうかを厳格に確かめなければならないが，そうでないものについてまで，一律に時間，労力，費用をかけて確認する必要はないと考えるのである。

　こうした考え方に基づいて実施されるリスク・アプローチによる内部監査では，リスクが過小評価されると，監査手続が本来必要とされる厳格さを満たさないことになり，重要な阻害要因が見逃される恐れがある。これにより不適切な監査結果が導かれると，組織体の経営目的の達成に支障が出るということになりかねない。

　逆に，リスクが過大評価されると，過剰な監査手続の実施が計画され，本来必要のない資源が配分されることによって，希少な監査資源がムダ使いされてしまう恐れがある。これによって，全体としての監査の有効性が損なわれることになれば，結果的に組織体の経営目的の達成に支障が出るということにもなりかねないのである。

　このように，リスク・アプローチによる内部監査では，リスク評価の適否が監査の有効性を大きく左右することになる。内部監査人は，的確なリスクの認識，分析ならびに測定を行う必要がある。

3．リスクの評価

　組織体は，その経営目的を達成するために様々な経営活動を行う。経営活動には，それぞれの組織体あるいは活動に固有のリスクがともなう。しかし，これらのリスクのすべてを回避していては，経営目的を達成することはできない。組織体の経営者は，取るべきリスクと回避すべきリスクを的確に識別し，取るべきリスクに対しては適切な対応を図らなければならない。

　リスクの大きさは，リスクである事項または事象の発生確率と，当該事項または事象が発生したときの経営への影響度（損失額）に基づいて評価される。リスクの大きさ＝発生確率×影響度という式で表すことができる。

　経営者は，リスクに対する許容限度を定めた上で，内部統制を構築したり，リスク・マネジメント体制を整備したりすることによって，リスクを定められた許容限度内に収められるようにコントロールしなければならない。そして，内部監査は，コントロールの有効性についてアシュアランス業務を行う。すなわち，リスクに対するコントロールが有効に機能しているかどうかを評価し，有効性が確かめられれば，経営者に対して有効である旨の客観的意見を述べる。もし不備や脆弱性などが認められれば，その事実を指摘するとともに，改善に向けた助言や勧告を行うのである。

　なお，内部統制やリスク・マネジメントには固有の限界があり，コントロールの有効性は絶対的なものではない。内部統制は，たとえ適切に整備されたとしても，業務担当者の判断の誤りや不注意，複数の担当者による共謀などによって有効に機能しなくなることがある。また，内部統制を構築する際に想定されていなかった組織内外の環境変化や，日常的に行われていない例外的な取引などには，必ずしも適切に対応できない場合もある。

　組織体の経営資源には限りがあるため，内部統制の整備や運用に必要なだけの費用をかけられるとは限らない。そもそも経営者が不当な目的のために自ら

内部統制を無視したり無機能化したりすれば，もはや内部統制でリスクをコントロールすることはできないだろう（【図表3－3】）。

【図表3－3】　内部統制の機能を妨げる要因

①　業務担当者の判断の誤り，不注意
②　複数の担当者による共謀
③　想定外の環境変化，例外的な取引
④　資源の制約
⑤　経営者による無視・無機能化

出所：筆者作成。

　リスク・マネジメントにも内部統制と同様の限界がある。内部監査人は，こうした限界を十分に考慮した上で，リスクを評価する必要がある。

4. 監査計画

　内部監査の業務を効果的かつ効率的に実施するために，評価したリスクを考慮して監査計画が策定される。内部監査計画は，一般に**中・長期監査計画**，**年度監査計画**および**監査実施計画**（個別監査計画）に分けられる。

(1)　中・長期監査計画

　中・長期監査計画は，通常，3年から5年程度の期間にわたる監査活動の大綱を定めるものである。最高経営者が掲げる経営方針や経営計画にしたがって経営活動が遂行された場合に，どのようなリスクが想定され，これに対してどのようなコントロールが必要になるかを考慮して，中・長期的に内部監査部門の体制をいかに整備していくかについての基本方針を示す。経営環境の変化や経営方針，経営計画の変更等に適応するために，適宜，見直しや修正を行う必要がある。

　中・長期監査計画には，①中・長期の監査方針，②中・長期の監査重点項目，③監査要員や監査費用などの監査資源の長期的確保への施策，④内部監査人の教育・養成などの項目が盛り込まれる。

(2)　年度監査計画

　年度監査計画は，年度全般にわたる監査方針，監査対象，監査の実施時期などを定めるものである。年度監査計画には，組織体の経営管理や内部統制上の重要課題などの，経営者や管理者が特に関心をもつ経営上の課題を適切に反映した内容が盛り込まれる必要がある。

　年度監査計画には，①年度監査方針または重点目標，②監査の対象，③監査

の実施時期および実施期間，④監査責任者および監査担当者，⑤実施計画の策定時期，⑥個別監査および年度監査の費用の見積りなどの項目が盛り込まれる。

(3)　監査実施計画（個別監査計画）

　内部監査人は，個々の内部監査について目標，範囲，実施時期および資源配分を含む計画を策定し，**監査実施計画書**として文書化する必要がある。

　監査実施計画の策定にあたっては，リスクと重要性とを評価し，リスクの高い事項に焦点をあてて監査項目を設定し，効果的な監査を実施できるように，監査項目ごとに人員，時間および予算を効率的に配分する必要がある。

　監査実施計画書には，①監査の目標，②監査の対象，③監査の実施時期および実施期間，④監査責任者名および監査担当者名，⑤監査項目およびその監査担当者名，⑥監査項目ごとの主な監査手続，および⑦監査報告書の提出時期などの項目が盛り込まれる。

5. 予備調査

　内部監査の手続は，主として，経営業務が行われている現場へ内部監査人が出向いて行われるが，これに先立って，**予備調査**または事前調査と呼ばれる手続が行われる。これは，現場での監査手続を効果的かつ効率的に実施するために重要なプロセスである。

　予備調査では，まず内部監査部門のオフィスで，監査対象部門に関する情報や資料の収集と分析が行われる。資料としては，監査対象部門の組織図，業務規程，事務手続を示したマニュアル，業務フロー図などが収集される。これらの資料と監査実施計画で設定された監査項目との照合が行われ，収集された情報や資料に基づいて，監査実施計画が修正されることもある。

　予備調査において，監査項目が，その妥当性や有効性を評価した上で決定される。監査項目に該当する規程やマニュアルなどの資料の存在を確認し，監査手続が実際に適用できるかどうかが検討される。もし想定していた状況と異なり，監査手続が実施できないような場合には，監査項目を修正する必要がある。こうした作業を行うに際しては，内部監査人は，監査対象部門の責任者や管理者にインタビューを行うなどして，監査対象部門の現状を確認する必要がある。

　予備調査の最終段階では，監査項目に対して実施すべき監査手続の検討が行われる。また，リスクの大きさに基づいて監査項目が絞り込まれ，これに基づいて監査チェックリストが作成されることになる。

　予備調査は，業務が行われる現場ではないところで現場についての状況把握を行うものであり，オフサイト調査である。こうしたオフサイト調査を予備調査としてだけでなく，継続的なモニタリングであるオフサイト・モニタリングとして実施するという考え方がある。こうすることによって，組織内外で発生した事象を適時かつ継続的に把握することができるようになり，現場におけるオンサイト調査としての本調査の有効性と効率性が向上する可能性がある。

6. 本　調　査

(1) 監 査 証 拠

　本調査は，経営業務が行われている現場へ内部監査人が出向いて，予備調査で絞り込んだ監査項目に対して**監査証拠**を入手したり，改善すべき事項がないかどうかを調査したりするために，**監査手続**を実施するプロセスである。実務では，現場へ行って（往って）行う監査という意味で，**往査**と呼ばれている。

　業務ごとにリスクが識別され，識別されたリスクが実際に経営目標の達成を阻害することがないように，業務のコントロールが適切になされているかどうかが検証される。そして，コントロールの有効性が確認できれば，内部監査人は，当該業務のコントロールが有効であることに対して客観的意見を表明する。もしコントロールに不備や課題などが見つかれば，内部監査人は，それらを改善するために助言または勧告を行うことになる。

　内部監査人が行うアシュアランス業務のうち客観的意見の表明は，業務のコントロールが有効に機能していることに対して**アシュアランス**（保証）を提供するものである。内部監査人が提供するアシュアランスは，内部監査人が入手した十分かつ適切な監査証拠に裏づけられたアシュアランスであり，**合理的アシュアランス**と呼ばれている。

　内部監査人が，自らが提供するアシュアランスを裏づけるために入手する監査証拠には，説得力が必要である。説得力のある監査証拠とは，関連性，信頼性および十分性を備えた監査証拠である。

　監査証拠の関連性と信頼性は，監査証拠の質にかかわる要件である。関連性とは，監査証拠が内部監査人の結論を論理的に裏づけるものであることを意味する。信頼性は，監査証拠が信頼できる情報源から得られていること，また，

内部監査人が直接入手したものであることによって満たされる要件である。

　一方，監査証拠の十分性は監査証拠の量にかかわる要件であり，監査証拠の量が，文字通り十分であることを求めるものである（【図表３−４】）。

【図表３−４】　説得力のある監査証拠の要件

関　連　性	監査証拠が内部監査人の結論を論理的に裏づけるものであること
信　頼　性	監査証拠が信頼できる情報源から得られていること 内部監査人が直接入手したものであること
十　分　性	監査証拠の量が十分であること

出所：アンダーソン他［2021］に基づき筆者作成。

　監査証拠のうち，内部監査人自身が作成した書類や第三者から内部監査人に直接送付された書類の信頼性は高いが，組織体によって作成された文書で，内部監査人が組織体から入手したものの信頼性は相対的に低い。

(2)　監 査 手 続

　内部監査人は，監査証拠を入手するために監査手続を行う。監査手続には，質問，観察，検査，突合，追跡，再実施，分析的手続，確認などがある（アンダーソン他［2021］）。これらの具体的な実施内容は，【図表３−５】に示すとおりである。

【図表３−５】　監査手続の実施内容

質　　　問	監査対象部門の担当者や第三者に対して口頭または文書により情報を求めること。間接的な証拠にはなるが，それ自体が説得力を持つことは稀である。
観　　　察	人，手続またはプロセスを見ること。内部監査人が直接証拠を得るという意味で，質問よりは説得力があると考えられる。
検　　　査	文書や記録を調べ，有形の資源を物理的に調査すること。文書と記録を検査することにより，それらの内容についての直接的な証拠を得ることができる。
突　　　合	１つの文書や記録からそれ以前に作成された文書や記録または有形の資源へと情報を過去に遡ること。特に文書化または記録された情報の妥当

	性をテストするために行われる。
追　　跡	情報について，１つの文書，記録または有形の情報源から，その後に作成された文書や記録へとたどること。特に文書化または記録された情報の完全性をテストするために行われる。
再　実　施	コントロールやその他の手続を再度行うこと。運用状況の有効性に関する直接的な監査証拠を得ることができる。
分析的手続	監査中に取得した情報を内部監査人が識別または作成した予想と比較することにより評価することである。内部監査人が実施する一般的な分析的手続には，百分率財務諸表の分析，比率分析，トレンド分析，未来思考の情報分析，外部ベンチマーキングおよび内部ベンチマーキングなどがある。
確　　認	情報の正しさを独立した第三者から直接書面を受け取ることにより検証すること。情報が独立した情報源から直接内部監査人に送られてくるので，一般に極めて信頼性が高いと考えられる。

出所：アンダーソン他［2021］に基づき筆者作成。

　なお，監査人による監査証拠の入手に関して，監査手続と**監査技術**を概念的に厳密に区別する場合がある。この場合，証拠資料について調査，検討または確認する，質問，観察，検査などの手続自体は監査技術と呼ばれる。これに対して，監査手続は，ある証拠資料に対して特定の監査技術を実施することによって，監査人が何らかの心証をえる（判断を行う）一連のプロセスを指すのである。

　ここでは，監査手続と監査技術について概念的に厳密な区別をせず，監査証拠の入手方法という視点から，上記の監査技術を監査手続として説明することにする。

　これらの監査手続のうち，質問は最も幅広く実施されるものである。内部監査人は，監査対象の概況を把握したり業務部門の状況に関する事情を聴取したりするために，また，認識した問題点についての事実確認，不備や要改善事項などの改善可能性の把握などを目的に，業務部門の責任者や業務の担当者に対して質問を行う。質問は，監査の初期段階だけでなく，監査プロセスの全般を通じて随時実施される重要な監査手続である（有限責任監査法人トーマツ［2022］）。

質問という監査手続を効果的に実施するためには，まずその目的を明確にし，それに合ったインタビュー対象者を識別する必要がある。その上で適切な質問項目を作成し，インタビュー全体の概要を準備する。インタビューを行うに際しては，公正不偏性を保ちつつ対象者と親密な関係を築き，専門用語の使用はできるだけ避けた上で聞きたいことを率直に問うようにする。そして，インタビュー後は，できるだけ早く結果を文書化することが大切である（アンダーソン他［2021］）。

7．監査結果の評価と結論の取りまとめ

(1)　監査の結論

　内部監査人は，監査手続を実施した結果を分析・評価し，監査報告書の作成に向けて監査の結論を取りまとめる。内部監査の結論は，内部監査人の主観や印象だけに基づくものであってはならず，監査手続によって入手された監査証拠に裏づけられた客観的なものでなければならない。

　監査手続を実施することによって，例えば，経営業務が関連法令や業務規程などに準拠して行われるように適切にコントロールされていることを裏づける説得力のある監査証拠を入手できれば，内部監査人は，当該コントロールは有効に機能しているという結論を得るであろう。そして，内部監査人は，コントロールの有効性に対してアシュアランス（**合理的な保証**）を提供することになる。

　一方，監査手続を実施した結果，経営業務が，関連法令や業務規程などに準拠して行われるように，適切にコントロールされていないことを具体的に示す事実が見つかった場合には，内部監査人は，当該コントロールの有効性に対して否定的な結論を形成する場合があるだろう。このとき，内部監査人は，コントロールが有効に機能していないという，いわば負のアシュアランスを提供しなければならないと判断したことになる。

(2)　発見事項の取扱い

　否定的な結論が形成された場合，あるいは否定的な結論が形成されるほどではないが，経営業務に対するコントロールの不備や改善が必要と考えられる重大な事項が発見された場合には，内部監査人は，それらが経営目標の達成に及

ぽす影響の重要性を評価した上で，最高経営者や取締役会などに報告すべき**指摘事項**や**要改善事項**とするかどうかを判断しなければならない。

　コントロールの不備は，その整備状況が不適切である場合と，運用が有効に行われていない場合に分けられる。そして，内部監査人は，それぞれの場合について，経営目標の達成に対する影響度と発生可能性を判断することになる。この判断にあたっては，それらが特定のリスクまたは一まとまりのリスクを低減するためのコントロールの能力において，どの程度の重要性を示すものであるかを評価しなければならない。このときの重要性の程度は，例えば，重要度低（軽微な不備），重要度中（重大な不備）または重要度高（重要な欠陥）といった形で分類される（**【図表３－６】**）。

　発見事項によってコントロールが機能しない可能性は極めて低いか，または機能しないことの影響が軽微であると評価される場合には，当該発見事項の重要度は低く，不備は軽微なものであると判断され，通常，指摘事項や要改善事項とはされないであろう。

　発見事項の影響により，コントロールが機能しない可能性が低いとはいえず，その影響が小さいとはいえない場合には重大な不備があると判断され，また，コントロールが機能しない可能性が低いとはいえず，その影響が重要度「高」の閾値（内部統制報告制度における開示すべき重要な不備に相当する水準）を超えるような場合には，当該発見事項は重要な欠陥であると判断され，指摘事項や要改善事項として経営者や取締役会に報告されることになる。

【図表３－６】　発見事項の重要度

低（軽微な不備）	コントロールが機能しない可能性が極めて低いか，または機能しないことの影響が軽微である。
中（重大な不備）	コントロールが機能しない可能性が低いとはいえず，その影響が小さいとはいえない。
高（重要な欠陥）	コントロールが機能しない可能性が低いとはいえず，その影響が重要度高の閾値（内部統制報告制度における開示すべき重要な不備となる水準）を超える。

出所：アンダーソン他［2021］に基づき筆者作成。

　重要度が低いと判断された発見事項については，それがキー・コントロール，すなわち極めて重要なビジネス目標に関連するリスクを低減するために整備されたコントロールに関係しているかどうかが評価される。キー・コントロールに関係していない事項は，最高経営者や取締役会などに対する報告書に記載する必要はない。

　一方，重要度が低くてもキー・コントロールに関係している事項は，最高経営者や取締役会などに対する報告書の記載項目とする必要がある。重要度が中程度または高いと評価された事項は，最高経営者や取締役会などに対する報告書に記載されなければならない（アンダーソン他［2021］）。

　なお，指摘事項や要改善事項として報告された事項の改善に関する指示や命令は，内部監査部門からではなく，最高経営者から業務部門に対して行われる必要がある。内部監査部門から改善に関する指示や命令が行われると，後日に当該事項に対する監査が実施される際には，内部監査人自身が指示した改善の結果を，内部監査人自ら監査することになってしまう。これは，いわゆる自己監査であり，内部監査人の判断の客観性が失われ，内部監査の有効性が損なわれる恐れがある。このため，自己監査を避けるために，内部監査人は，監査対象部門の業務に対して指示や命令を行う権限をもたないし，業務に対して責任も負わないこととされているのである。

8．監査結果の報告

(1)　内部監査報告書の記載事項

　内部監査部門長は，監査の結果を，原則として文書によって最高経営者や取締役会などに報告しなければならない（内部監査基準8.1.5）。このときに内部監査部門長が作成する文書が，**内部監査報告書**である（8.2.1）。内部監査報告書には，内部監査の目標と範囲，内部監査人の意見，勧告および是正措置の計画が記載されなければならない（8.2.3）。また，内部監査部門長は，必要に応じて，内部監査報告書に総合意見を記載しなければならないとされている（8.2.4）。

　総合意見とは，組織体のガバナンス，リスク・マネジメントまたはコントロールに関連するプロセスを対象として実施された，特定の期間における多くの個別の内部監査の結果に基づいた内部監査部門長としての判断である（日本内部監査協会［2017］）。

　内部監査報告書には，一般に，次のような事項が記載される（**【図表3－7】**）。

【図表3-7】 監査報告書の記載事項

```
1. 実施した監査の概要
   a. 監査期間
   b. 監査の目的・目標
   c. 監査の対象
   d. 監査担当者名
   e. 適用した監査手続
   f. 前回指摘事項のフォローアップ
2. 監査の結果
   a. 監査対象に対する総合的な意見
   b. 指摘事項
   c. 改善提案事項
   d. その他
```

出所:「内部監査基準実践要綱」〔6〕1.(2)に基づき筆者作成。

　なお，公認会計士または監査法人が実施する金融商品取引法や会社法に基づく財務書類の監査では，監査報告書の記載事項は法令（財務諸表等の監査証明に関する内閣府令，会社計算規則など）によって定められている。また，公認会計士・監査法人の監査については日本公認会計士協会が，監査役等の監査に関しては日本監査役協会が，それぞれ報告書の文例を示しており，実務上，これらに基づいて監査報告書が作成され，公表されている。

　これに対して，法定監査ではない内部監査の報告書の記載事項について法令の定めはないし，日本内部監査協会からも具体的な文例は提供されていない。このため，内部監査部門長は，内部監査基準，**内部監査基準実践要綱**，実務指針などの規定を参照しながら，最高経営者や取締役会等の利用者のニーズに合った監査報告書を作成する必要がある。

(2) 監査報告書の様式

　内部監査報告書の様式として，要約版，詳細版および資料版の3部構成をとることがある（【図表3-8】）。

【図表３－８】　監査報告書の３様式

【要約版報告書】
・最高経営者および取締
　役会に短時間で要点を
　伝達する。

【詳細版報告書】
・監査項目全般について
　詳細に記載する。
・監査結果，指摘事項，
　要改善事項などを伝達
　する。

【資料版報告書】
・判断・評価および意見
　形成の背景・根拠を記
　載する。
・時系列・構成比・比較
　の図表，インタビュー
　のまとめ，写真などを
　掲載する。

出所：齋藤，蟹江［2022］に一部加筆。

　要約版の報告書は，多忙な最高経営者および取締役会に短時間で監査の要点を伝達するために作成されるもので，Ａ４用紙１枚程度に監査の結果や指摘事項などを簡潔にまとめて記載する。

　詳細版報告書は，内部監査報告書の本体部分であり，そこには監査項目の全般について詳しく記載され，監査結果，指摘事項，要改善事項などを具体的に伝達するものである。

　資料版報告書では，事実の判断や評価および意見形成に至る背景や根拠を示す材料が整理され，図表やインタビューのまとめ，写真などが盛り込まれることもある。

(3)　現地講評会

　内部監査では，最高経営者や取締役会などに監査報告書が提出されるだけではなく，本調査（往査）の終了時に，監査対象部門の責任者などに対して監査結果を伝達するための**現地講評会**と呼ばれる会合が開かれる。現地講評会では，監査人が監査手続によって発見した事実およびその原因，リスク，評価および意見などについて説明した後に，現地責任者との質疑応答を行う。

　内部監査人と現場の責任者との直接的なコミュニケーションを行うことに

よって，監査対象部門における問題点やその原因についてより明確に理解することが可能となる。また，内部監査人の側における事実誤認や，監査対象部門との間での見解の相違などをその場で解消することができ，より正確かつ的確な監査報告書を作成することができるという利点もある。

　海外子会社の監査では，帰国後に監査報告書を送付してから誤りや見解の相違などが発生すると，確認や調整作業に苦労することになる。こうした事態が生じないように，現地講評会において，監査結果について内部監査人と現地責任者との間で十分な確認をし，合意しておく必要がある。

　正確な監査報告書を作成するとともに，報告内容を監査対象部門にとっても納得のいくものとするために，現地講評会は内部監査における重要なプロセスである。

9．フォローアップ監査

　一般に，監査のプロセスは監査報告書の提出をもって終了するが，内部監査には，指摘事項や要改善事項への業務部門の対応状況を追跡調査する，フォローアップまたは**フォローアップ監査**と呼ばれる重要なプロセスが残っている。フォローアップ監査は，内部監査人が指摘事項や要改善事項として報告した事項のうち，最高経営者が，改善が必要と判断して業務部門の長に対応を指示した事項を対象として実施される。

　改善を指示された業務部門の長は，何をいつまでに実施するのかを具体的に示した**改善計画（アクションプラン）**を作成して提出しなければならない。そして，その計画通りに改善が行われているかどうかを追跡・確認し，もし不十分であれば，さらに改善を促すことがフォローアップ監査を実施する目的である。フォローアップ監査は，**【図表3－9】**に示すようなプロセスで行われる。

【図表3−9】　フォローアップ監査のプロセス

業務部門長から提出された改善計画の遂行状況を
追跡・確認し，改善を促進する

改善予定日以降の適切な時期に実施する

通知した上で実施するかまたは抜打ちで実施する

改善状況，実施された対応策の有効性を評価する

確認・評価の結果を最高経営責任者および
取締役会等に報告する

改善が行われていないかまたは不十分なときには，
原因を明確化して改善を勧告する

出所：齋藤，蟹江［2022］に一部加筆。

　フォローアップ監査の実施時期は，業務部門から提出された改善計画の完遂
予定日以降の適切な時期に設定される。フォローアップ監査の手続は，対象と
なる業務部門に事前に通知した上で実施する場合と，ありのままの状況を確か
めるために，あえて抜き打ちで実施する場合がある。対象部門から提出された
改善計画に基づいて，改善の実施状況や改善のために実施された対応策の有効
性の評価などが行われる。

　フォローアップの結果は，通常の監査報告と同様に，最高経営者や取締役会
などの関係者に報告される。仮に改善が行われていなかったり，行われていて
も不十分であったりする場合には，その原因を明らかにし，責任の所在を明確
にした上で，期限を定めて改善勧告が行われることがある。

　内部監査の役割は，経営業務における不備を指摘すること自体にあるのでは

なく，発見された不備の改善を促すことで，組織の経営目的の達成を支援することにある。フォローアップ監査は，内部監査がその役割を果たすために欠かすことのできない重要なプロセスである。

10. 内部監査の品質の管理と評価

　内部監査部門長は，内部監査の品質を合理的に保証し，その品質を継続的に改善していくために，**品質管理プログラム**を作成，保持し，適時に見直さなければならない（内部監査基準4.1.1）。品質管理プログラムを作成し，これを保持することによって，内部監査が組織体の経営目標の効果的な達成に役立ち，また，内部監査基準および倫理綱要の遵守を確保することになる（「内部監査基準実践要綱」〔4〕1.）。

　品質管理プログラムには，内部監査活動の有効性および効率性を持続的に監視する，内部評価および外部評価からなる品質評価を含める必要がある（内部監査基準4.2.1）。

　このうち，内部評価には，**継続的モニタリング**と**定期的自己評価**がある。

　継続的モニタリングは，内部監査部門の管理業務にモニタリング機能を体系的に組み込み，継続的に品質評価を行い，これに基づいて改善活動を行うものである。

　これに対して，定期的自己評価は，内部監査の実施について十分な知識を有する，内部監査部門以外の組織体内の評価者が，内部監査部門の基準への適合状況を定期的に評価するものである。定期的自己評価は，少なくとも年に1回実施されなければならない（内部監査基準4.2.2）。

　一方，外部評価は，組織体外部の適格かつ独立の者によって，少なくとも5年ごとに実施することとされている（内部監査基準4.2.3）。外部評価は，有資格の独立した評価者または評価チームによって，少なくとも5年に1回実施されなければならない。外部質評価の要件は，独立した検証を伴う自己評価によっても満たすことができるとされている（GIAS，基準8.4）。

第 **4** 章 業 務 監 査

1. 様々な業務と内部監査

　GIASによれば，内部監査とは「組織体の業務を改善し，付加価値を与えるために提供される独立的かつ客観的なアシュアランスおよびアドバイザリー・サービス[1)]」と定義されている。要は，営利・非営利に限らず，組織体に何らかの価値をもたらし，業務に役立つのであればどんな監査も内部監査では「あり」である。では，実際に企業ではどんな内部監査が行われているのだろうか。通常，内部監査は目的別に分類される。営業や生産，購買，物流，研究開発などの業務活動が有効に行われているかを監査するのであれば，**業務監査**が行われる。会計処理が正確に行われているかを監査するのであれば，**会計監査**が行われる。ITシステムが組織体の目標達成に貢献できるような仕組み・プロセスが整備・運用されているかを監査するのであれば，**システム監査**である。その他に，**コンプライアンス監査**，国内外の**子会社監査**，**品質保証監査**，**環境監査**，**J-SOX評価**などと呼ばれている内部統制報告制度の法対応監査などがある。本章では，企業の内部監査部門で一般的に実施されている**業務監査**について，また，次章では，上場企業では必須の**財務報告に係る内部統制の評価（J-SOX評価）**について，より実務的な観点から解説をしていく。

　一般社団法人日本内部監査協会が毎年実施している内部監査実施状況調査から，これまで様々な業界の様々な業務に対する内部監査が行われてきたかを知ることができる（**【図表4－1】**を参照）。これらの業務監査について本章では，どのようなプロセスの有効性をどのような監査項目で，どう監査するのか監査のポイントをより具体的に示す。

1）　筆者訳。

【図表4−1】 内部監査の対象業務の推移

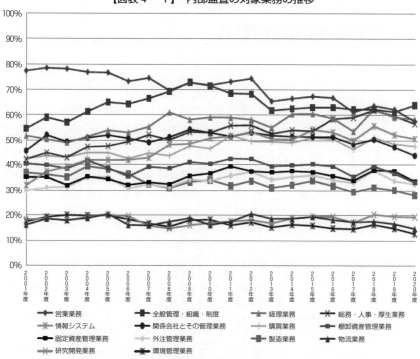

出所：一般社団法人日本内部監査協会「第65回内部監査実施状況調査結果」2022年
　　　8月，p.viii。

2. 経理業務の内部監査

　一口に経理業務と言っても，各種伝票の作成，仕訳などのデータの会計システム（会計ソフト）への入力，請求書の作成，固定資産の減価償却の管理，決算書の作成，税務申告書の作成などの税務関連業務，売掛金や買掛金の管理業務，経営の意思決定を支援するための管理会計業務など多岐に渡る。企業の業種や扱う商品・サービス，規模，経営方針などによって，経理部門の組織体制や業務そのものも異なる。ここでは，中小規模の製造業の経理業務に対する業務監査を想定している。

【図表4−2】　経理業務の監査のポイント

プロセス	監 査 項 目	監査のポイント
経営者への報告	経理責任者は経営者に対し経理の状況，財務の状況について定期的に報告を行っているか。	経理責任者が経営者に，①損益計算書，②貸借対照表，③キャッシュフロー計算書などを，月次，四半期，年次で報告していることを関連書類で確認する。
経営者への報告	経理責任者は経営層に対し貸倒引当金・賞与引当金・退職給付引当金などの見積計上の状況を報告しているか。	経理責任者が経営者に対して，貸倒引当金・賞与引当金・退職給付引当金などの見積計上の透明性，重要な会計処理の変更などの説明を行っていることを関連書類で確認する（特に，見積計上項目を利用して利益調整を行っていないかを重点的に確認する）。
経営者への報告	予算と実績の比較分析（予実算管理）を行っているか。	月次の予算と実績の比較分析が経営者に報告されていることを関連資料で確認する。
組 織 体 制	経理部内での職務が職務分掌表のような形で明文化され，運用されているか。	・経理責任者に経理部内の職務分掌について質問する。 ・不正防止の観点から，経理責任者や経理担当者が単独で支払い手続や手形・小切手の取り扱い，伝票の起票などができない仕組みになっている

		か確認する（職務分離）。 ・小規模な経理部門のため，経理責任者や経理担当者が支払い業務も行っている場合，複数の人が支払い業務に関わる体制になっていることを確認する。
会計システム （ソフト）	信頼性のある会計システム （ソフト）が使われているか。	確認項目の例： ・経理責任者と経理担当者それぞれに個別のID／パスワードが付与されている（複数の人でID／パスワードを共有していない）。 ・データのバックアップ機能の有無 ・最新バージョンの会計システム（ソフト）が使われている。 ・財務諸表作成上必要な勘定科目内訳表が作成されている。
外部監査人による監査	外部監査人による財務諸表監査を受けて，その結果が経営者に報告されているか。	・外部監査人が発行する監査報告書やレビュー報告書，マネジメントレター2）を閲覧する。 ・マネジメントレターのコメントに対して経営者がどのようにフォローしているかを担当者に質問する。
社内ルールの整備（決裁権限）	（支払い額に応じた）支払い承認者を定めた決裁権限基準やその他の社内規則が作成され，運用されているか。	・支払い業務に関する規程・マニュアル・フォーマットの整備状況を質問と証拠書類により確認する。 ・上記のものが周知されているかを質問し，目視によって確認する。
社内ルールの整備（収益認識）	国際財務報告基準（IFRS）など公正妥当と認められている会計基準に従った収益認識のルールが作成され，運用されているか。	・収益認識のルールが作成され，運用されているか質問と証拠書類により確認する。 ・収益認識のルールは外部監査人によるレビューを受けているか確認する。
支払い依頼部署内の承認	営業部門や購買部門など支払いを依頼してくる部署では，担当者が支払い依頼の書類	支払い依頼書類で支払依頼部署内での承認手続において，担当者と承認者が分かれているかを確認する。

2）　外部監査人による監査手続の中で発見された問題点や改善点を経営者に対して提示した書類のこと。

	（経理部門へ依頼するための）を作成し，上位者（課長など）がその支払い依頼を承認しているか。	
経理部門内での承認	経理部門内では，担当者が支払い依頼の書類を確認し，上位者（経理課長など）がその支払い依頼を承認しているか。	・営業部門や購買部門からきた支払依頼の承認手続が，経理部門の特定の人が１人で行っていないかを確認する。 ・支払いの妥当性の判断については，上位者が何を根拠に承認しているか質問する。
小切手の発行の職務分離	１人で小切手発行業務が完結できないようになっているか。	・小切手を用意する人（担当者）と承認する人（上位者）が分かれているかを質問によって確認する。 ・小切手の発行を管理する小切手管理台帳の小切手用意者と承認者欄を確認する。
オンラインバンキング（ID・パスワード管理）	オンラインバンキングのID・パスワードは，各人に割当てられ（ID・パスワードを共有していない），定期的に変更されているか。	・IT担当者から付与されているID・パスワードのリストやその変更履歴がわかる資料を入手する。 ・ID・パスワードを書いたメモがPC付近や端末に添付されていないかを確認する。 ・経理責任者と経理担当者がお互いのID・パスワードを知らないことを確認する。
支払い業務の職務分離	１人ですべての支払い業務が完結できないようになっているか。	・オンラインバンキング・システムに支払い情報の入力をする人（担当者）とその支払いを承認する人（上位者）が分かれているかをシステム画面で確認する。 ・支払いの担当者や承認者に実際にオンラインバンキング・システムにアクセスしてもらい，単独で支払いが実行できないことを確認する。
会計処理の職務分離	会計システムに会計処理の入力をする担当者と承認者が分かれているか。	会計システムに仕訳の入力をする人（担当者）とそれを承認する人（上位者）が分かれているかをシステム画面

		で確認する。
会計処理の根拠資料	会計処理はその裏づけとなる資料に基づいて行われているか。	会計システムに入力された仕訳とその裏付けとなる資料の整合性をサンプルで確認する。
会計処理の禁止事項	誤った仕訳を入力した場合には，修正仕訳（逆仕訳）が入力されているか（誤った仕訳が取り消されていないか）。	仕訳の取消し処理がシステム上可能かどうかを質問で確認する。実際に担当者に仕訳の取消しを試みてもらい，できないことを確認する。
長期売掛債権の管理	営業部門に加え，経理部門でも長期滞留債権の一覧を作成し，営業責任者ならびに経理責任者に報告しているか。	長期滞留債権の回収可能性を経理部でもフォローしているかどうかを担当者への質問ならびに長期滞留債権の管理資料で確認する。
預金の残高照合	月末に帳簿上の預金残高と銀行側から入手した預金残高との一致を確認しているか。	月末にすべての帳簿上の預金残高と銀行側から入手した預金残高との一致を担当者が確認し，上位者が承認しているかを関連資料と担当者への質問で確認する。
小口現金の実査	少なくとも月に１回は小口現金の実査を行っているか（普段，小口現金に関する業務をしない人が実査をすることが望ましい）。	・現金出納帳や金種表を閲覧し，現金を数えた人のサインがあることを確認する。 ・内部監査人も実際に小口現金を数える。
金 庫 管 理	・金庫を開ける権限を持っている人の数を最少にしているか。 ・金庫は２人以上の人で開閉が行われているか。 （例：鍵とダイヤルの２つで金庫が開くようになっている。）	・金庫の管理状況を質問し，金庫の開閉が特定の人に制限されているかどうかを確認する。 ・金庫内が整理整頓されているかを確認する。また，帳簿外の現金や不要な書類，個人の所有物が金庫内に保管されていないかも確認する（商品券など）。
手形・小切手管理	手形や小切手帳が金庫に保管され，発行状況を把握できる管理台帳を作成しているか。	管理台帳に手形の番号，作成者印，承認者印，作成日，引渡日などが記載されているかを確認する。
印章管理（社長印，銀行印など）	・印章の保管や使用に関するルールがあるか。 ・印章を保管している人と実際に使用する人とが分かれ	・印章の保管や使用に関するルールを閲覧する。 ・捺印簿などから申請書類作成者と捺印者が分かれていることを確認する。

		ているか。 ・印章が使用された後，その 使用目的が捺印簿などに記 録されているか。 ・印章は金庫に保管されてい るか。	・印章が金庫に保管されていることを 確認する。
準現金管理 （切手，印紙 など）		・準現金の保管や使用に関す るルールがあるか。 ・準現金は金庫に保管され， 管理台帳が作成されている か。 ・準現金管理の担当者以外の 人が月次で棚卸を実施して いるか。	・準現金の保管や使用に関するルール を閲覧する。 ・準現金の管理台帳で使用状況を確認 する。 ・棚卸の実施状況を担当者に質問し， 棚卸結果を関連資料で確認する。

3．人事業務の内部監査

人事業務とは，簡単に言えば社内の「人」に関するあらゆる業務であり，採用や処遇（配属や昇格など），教育，評価，給与・賞与の支払いや労働組合との折衝などの労務管理がある。

【図表4−3】　人事業務の監査のポイント

プロセス	監査項目	監査のポイント
人事関連情報の管理	・人事情報は法・規制に従って保管されているか。 ・保管されている人事情報には権限のある人のみがアクセスできるようになっているか。	・人事情報の保管期間などの関連法規について担当者に質問する。 ・人事情報の保管状況（パスワードの付与，人事関連ファイルの入っているロッカーの鍵の保管状況など）を調査する。
残業管理	・残業に関するルールが労働基準法など関連する法・規制に従って明文化されているか。 ・残業が上位者によって承認される決まりになっており，実際に承認されているか。	・就業規則などの中に残業に関するルールがあるか調査する。 ・出勤簿などを閲覧し，本人のサインと上位者の承認サインを確認する。 ・残業の多い従業員を何人か選び，それぞれの状況を人事担当者に質問する。
年休取得	年休取得に関する適切なルールがあり，そのルールに従って年休が取得されているか。	・年休取得のルールを閲覧する。 ・年休取得ルールが関連法規に従って作られているかを調査する。 ・出勤簿を閲覧し，従業員の所定休日の取得状況を調査する。
経営計画と人員計画との整合性	・経営計画に従って人員計画が作られているか。 ・人員計画に従って採用が行われているか。	・人員計画がどのように作られているか担当者に質問する。 ・人員計画と実際の人員構成を比較・調査する。
福利厚生費	福利厚生費用（住宅手当，通勤手当など）に関するルールがあり，そのルールに従って支払われているか。	・福利厚生費用に関する各ルールを閲覧する。 ・ルールに従って支払われているかサンプルで調査する。

4. 棚卸資産管理業務の内部監査

　棚卸資産とは，一般的には在庫と呼ばれ，企業が所有している商品，製品，仕掛品，原材料などのことである。ここでは，中小規模の製造会社や販売会社の棚卸資産管理業務に対する内部監査を想定している。

【図表4－4】　棚卸資産管理業務の監査のポイント

プロセス	監 査 項 目	監査のポイント
購入の社内ルールと手続	・原材料や商品（製品）など個々の棚卸資産の購入に関する明文化されたルールと手続があるか。 ・ルールと手続に従って棚卸資産が購入されているか。	・原材料や商品（製品）など個々の棚卸資産の購入に関するルールと手続（マニュアル）を閲覧する。 ・実際の棚卸資産がルールに従って購入されたかをサンプルで確認する（個数，金額，製品番号などの項目）。
廃棄の社内ルールと手続	・棚卸資産の廃棄に関する明文化されたルールと手続があるか。 ・ルールと手続に従って棚卸資産が廃棄されているか。	・棚卸資産の廃棄に関するルールと手続（マニュアル）を閲覧する。 ・実際の棚卸資産がルールに従って廃棄されているかを確認する（例：廃棄証明書を入手したり，適切な人による立会のもとに廃棄されている）。
計上・記録	・材料や商品（製品）を受け取った後，その在庫情報が適時かつ正確に在庫管理システムに入力されているか。 ・在庫管理システムのデータが正しく会計システムに反映されているか。	・検収書と在庫管理システム内のデータ内容の整合性をサンプルで確認する（日付，個数，金額，製品番号などの項目）。 ・在庫管理システムと会計システムのデータ内容の整合性をサンプルで確認する。
実地棚卸	・実地棚卸の手順書（マニュアル）があるか。 ・定期的に実地棚卸が行われているか。 ・棚卸差異の原因分析が行われ，経営者に報告されているか。	・実地棚卸の手順書（マニュアル）を閲覧する。 ・実地棚卸結果表の棚卸実施責任者および立会者（経理部員など）の承認の有無を確認する。 ・棚卸差異分析表の在庫管理責任者による承認の有無を確認する。 ・経営者への報告書類を確認する。

5．スクラップ管理業務の内部監査

　スクラップとは，鉄やアルミニウムなどの材料を加工する段階で出る切りくずや不良品などの廃物のことで，通常は廃棄物処理業者にお金を払って引き取ってもらう。スクラップに再利用の価値があれば，利材として逆に売却して現金収入を得ることもできる。大企業の工場からは大量のスクラップが発生するため，循環型社会を築く上でも，また利材品として収益を得るという意味でもスクラップ管理業務は重要であり，スクラップ管理業務に対する内部監査は是非やって欲しい。

【図表4－5】　スクラップ管理業務の監査のポイント

プロセス	監査項目	監査のポイント
組　　織	スクラップ管理の責任部署ならびに責任者が決まっているか。	・関連する組織図，業務分担表を閲覧する。 ・スクラップ管理の責任部署の年度課題（目標）を確認する。
スクラップ管理の社内ルールと手続	スクラップ管理に関する明文化されたルールと手続があるか（業務委託先選定のプロセスなど）。	・スクラップ管理に関するルールと手続（マニュアル）を閲覧する。 ・実際の業務がルールに従って運用されているかを担当者に質問する。
業務委託先の管理	スクラップ管理の責任部署がスクラップ処理業務の委託先（業務委託先）に仕事を丸投げしていないか（適切に業務のモニタリングをしているか）。	・業務委託先との契約した業務内容を確認する。 ・業務委託先の選定プロセスを確認する（ルールに従って承認されているかなど）。 ・業務委託先へのスクラップの搬出記録が責任部署により毎回承認されていることを確認する。
スクラップの分類	スクラップはルールに従い産業廃棄物，一般廃棄物などに分類されているか。	スクラップ置場に行って，ルールに従ってスクラップが分類されていることを確認する。

承　　認	製品在庫や固定資産などから発生したスクラップは，決裁権限規定に基づいて承認されたものか。	決裁権限規定に基づいてスクラップになっているかを担当者に質問する（可能であればサンプルで確認する）。
保　　管	・スクラップは整理整頓されてスクラップ置場に保管されているか。 ・スクラップ置場では盗難防止策がなされている。	・スクラップ置場に行って，保管状況を確認する。 ・盗難を防ぐための物理的なセキュリティ対策（盗難防止カメラの設置や委託業者の入退出記録の保管）を確認する。

6．固定資産管理業務の内部監査

固定資産とは，継続的に会社で使用する販売目的ではない財産のことで，土地や建物，建設仮勘定，機械設備といった有形のものと営業権（のれん）や特許権，ソフトウェアなどのような無形のものがある。ここでは，中小規模の製造会社の機械設備など，主に有形の固定資産の管理業務に対する内部監査を想定している。

【図表 4 － 6 】　固定資産管理業務の監査のポイント

プロセス	監査項目	監査のポイント
購入の社内ルールと手続	・固定資産の購入に関する明文化されたルールと手続があるか。 ・ルールと手続に従って固定資産が購入されているか。	・固定資産の購入に関するルールと手続（マニュアル）を閲覧する。 ・実際の固定資産がルールに従って購入されたかをサンプルで確認する（個数，金額，製品番号などの項目）。
購入計画	投資対効果の計算は妥当か。	・購入計画の段階で使用されたROI（投資利益率；Return on Investment）の計算根拠を購入計画の提案資料をもとに担当者に確認する。 ・定性的効果も考慮されているかを担当者に確認する
廃棄の社内ルールと手続	・固定資産の廃棄に関する明文化されたルールと手続があるか。 ・ルールと手続に従って固定資産が廃棄されているか。	・固定資産の廃棄に関するルールと手続（マニュアル）を閲覧する。 ・実際の固定資産がルールに従って廃棄されているかを確認する（例：廃棄証明書を入手したり，適切な人による立会のもとに廃棄されている）。
計上・記録	・固定資産を受け取った後，固定資産情報が適時かつ正確に資産管理システムに入力されているか。 ・資産管理システムのデータ	・検収書と資産管理システム内のデータ内容の整合性をサンプルで確認する（日付，個数，金額，製品番号などの項目）。 ・資産管理システムと会計システムの

	が正しく会計システムに反映されているか。	データ内容の整合性をサンプルで確認する。
計上・記録	・明文化された資産の勘定振替ルール（例：建設仮勘定や製品在庫から固定資産へ）と手続があるか。 ・ルールと手続に従って資産の勘定振替が行われているか。	・建設仮勘定から固定資産勘定への振替のタイミング（減価償却費の発生）がルール通り行われているかを担当者に質問し，サンプルで確認する。 ・従業員が固定資産を私的に使用していないか（PC，社有車，AV機器など）もサンプルで確認する。
計上・記録	すべての固定資産は明確に区分された状態で固定資産番号のタグが張られているか。	・資産管理台帳や資産管理システムを閲覧する。 ・固定資産（AV機器や机，ロッカーなど）に固定資産番号のタグが張られていることを目視し，資産管理台帳や資産管理システムの情報と突合する。
実地棚卸	・実地棚卸の手順書（マニュアル）があるか。 ・定期的に実地棚卸が行われているか。 ・棚卸差異の原因分析が行われ，経営者に報告されているか。	・実地棚卸の手順書（マニュアル）を閲覧する。 ・実地棚卸結果表の棚卸実施責任者および立会者（経理部門など）による承認の有無を確認する。 ・棚卸差異分析表の資産管理責任者による承認の有無を確認する。 ・経営者への報告書類を確認する。

7．購買業務の内部監査

　調達業務とも呼ばれ，企業にとって必要なものを社外から購入する業務が購買業務である。製造業であれば，原材料や製造部品，ものづくりに使われる機械や設備が主な購買業務の対象である。その他にも備品の購入やサービスの外注業務なども含まれる。購買部門には，より良い品質のモノやサービスをできる限り安く購入することが求められる。ここでは，中小規模の製造会社の購買業務に対する内部監査を想定している。

【図表4－7】　購買業務の監査のポイント

プロセス	監査項目	監査のポイント
購買の社内ルールと手続	購買に関する明文化されたルールと手続があるか（サプライヤー・外注先の選定プロセスなど）。	購買に関するルールと手続（マニュアル）を閲覧する。
購買の社内ルールと手続	ルールと手続に従って購買業務が行われているか。	・サプライヤー・外注先の選定は購買業務ルールに従って行われているか（入札，評価，バリデーション，階層別の承認など）。 ・購買ルールに従って承認されたサプライヤー・外注先が実際に物品やサービスを納入しているかを担当者への質問およびサンプルで確認する。
購買の社内ルールと手続	価格とサプライヤー・外注先の選定が調達依頼者（部署）単独で決定できないよう職務分離がなされているか。	・サプライヤー・外注先を選定した際の資料（入札）を閲覧する。 ・サプライヤー・外注先の選定に関する意思決定にはできるだけ多くの部署・人がかかわっていることを確認する。 ・購買部門の職務記述書や組織図を閲覧する。

実際の調達	・調達する物品はルールに従って，発注書，納品書，物品の現物を照合・確認した後に受け取っているか。 ・受領報告書を作成しているか。	・発注書，納品書，物品の現物が照合されているかをサンプルで確認する。 ・受領報告書作成の有無をサンプルで確認する。
外注先管理	・外注先と正式な契約書が締結されているか。 ・契約書には，業務範囲，責任範囲が明確に定義されているか。	外注先との契約書の有無，内容（契約書があれば）をサンプルで確認する。
外注先管理	外注先の製品やサービスの品質を確保するための活動が実施されているか。	外注先からの製品やサービスの品質に関する情報交換が行われているかなどを担当者に質問する（例：外注先に業務を丸投げしていないかを確認する）。

8．情報セキュリティの内部監査

　情報セキュリティ監査は，企業が所有している機密情報や個人情報などの情報資産を守るための仕組み（統制）が整備され，その仕組みが正しく運用されているかを評価することになる。情報資産に対するセキュリティ体制が整備・運用されていない場合には，サイバー攻撃などによるシステム障害や情報漏洩のインシデントが発生し，その結果，企業イメージの悪化をまねき，株価の下落や事業活動そのものへの深刻な悪影響へと繋がっていく。

【図表4－8】　情報セキュリティの監査のポイント

プロセス	監査項目	監査のポイント
情報セキュリティ・ポリシー	情報セキュリティ・ポリシーが作成され，社内に周知されているか。	・情報セキュリティ・ポリシーを閲覧する。 ・情報セキュリティ・ポリシーの社内での周知状況を確認する（イントラネットや冊子）。
情報セキュリティ委員会	・情報セキュリティの責任者がいるか。 ・情報セキュリティ委員会が設置されているか。	・情報セキュリティ委員会の最新の組織図を閲覧する。 ・情報セキュリティ委員会の議事録や委員会の招集通知などで開催記録や内容，時間などを確認する。
情報セキュリティ委員会の活動	・情報セキュリティ委員会は，情報セキュリティ活動の計画を立案しているか。 ・情報セキュリティ活動の計画は経営者から承認を受けているか。	・活動計画の提案およびその提案を経営者が承認したことが分かる資料を閲覧する。 ・情報セキュリティの責任者に活動状況を質問する。
情報資産台帳	社内の情報資産すべてが網羅されている情報資産台帳が作成されているか。	・最新の情報資産台帳を閲覧する。 ・社内の情報資産すべてが情報資産台帳に記載されているかを担当者に質問し，サンプルで確認する。

ラベリング	情報資産台帳に基づいて，扱っている情報に「社外秘」「極秘資料」などのラベリングがされているか。	社内資料に「社外秘」「極秘資料」などのラベルが情報資産台帳に基づいてつけられているかを色々な部署でサンプル確認する。
研　　修	・毎年定期的に情報セキュリティの研修を行っているか。 ・研修への参加状況を把握し，研修に参加していない人をフォローしているか。	・最新の研修資料を閲覧する。 ・研修参加者リストを入手し，参加状況を確認する（参加者の直筆サインなど）。 ・研修に参加していない人に対してどのようにフォローしているかを担当者に質問する。
ＰＣ管理	・社内で定めたPCの取扱いルールがあるか。 ・ルールに基づいて，PCが取扱われているか。	・PCの取扱いルールを閲覧する（例：社外へのPC持出しの承認）。 ・いくつかの部署でPCを社外に持出して使う人に質問する。
ネットワークのユーザーID管理	従業員ならびに非従業員（派遣社員や業務委託先常駐者）に対して，適切なユーザーID管理（新設や削除）が行われているか。	直近2〜3か月内の退職者リストを入手し，退職者のユーザーIDでネットワークにログインできないことを確認する。
インシデント報告	・インシデントが発生した場合の適切な報告方法が社内で周知されているか。 ・インシデントは上記の報告方法に従って報告されているか。	・インシデントが発生した場合，どのようなインシデントのレベルならどこに報告するなどのルールがあるか担当者に質問する。 ・ルール通り運用されているか，インシデントのリストからサンプルで確認する。

9．CSAを利用した内部監査

　本章では，これまで様々な業務の監査のポイントを紹介してきた。内部監査の実務では，監査先に実査に行く前に，チェックリストを送って自分達の業務を事前に自己評価してもらうことが多い。これは，内部統制自己評価（Control Self-Assessment；「CSA」）と呼ばれ，内部監査を効率よく行うためにも，被監査部門が自部門のリスクや内部統制の状況を把握したり，リスクや内部統制，コンプライアンスに関する意識を高める意味でも重要なツールである。ここでは，CSAの定義や形式，日本企業におけるCSAの実施状況などについて解説する。

(1)　CSAとは

　CSAの定義には様々なものが存在するが，1998年にⅠⅠAから発表された定義は以下のとおりである。「CSAとは，インターナル・コントロールの有効性が検証され評価されるプロセスである。その目的は，すべてのビジネス目的が達成されるであろうという合理的な保証を与える」（Hubbard［2000］訳書，19頁）。鳥羽［2007］では，「業務に関与している本人自身が，自己の業務が適切に行われているかどうかを自己評価し，しかるべき部署に報告する日常的監視活動のこと」（鳥羽［2007］，262頁）としている。池田［2015］では，上記の2つの定義を参考に，CSAを以下のように定義している。「**業務に関与している本人自身が，自己の業務が適切に行われているかどうかを自己評価し，しかるべき部署に報告する日常的監視活動**」。

　本書では，池田［2015］のCSAの定義を前提として話を進める。

(2) CSAの実施状況

　日本内部監査協会では2017年に，内部統制の自己評価にリスクの自己評価も加えた自主点検活動の実施状況を主要な日本企業を対象に調査を行っている（日本内部監査協会［2019］）。その結果，「実施している」と「一部実施している」とを合わせると77.6％の企業がCSAを実施していることが明らかになった（【図表4－9】を参照）。このCSAを実施している企業の中で，内部監査部門がCSAを内部監査によって評価している企業は約76％である（【図表4－10】を参照）。なお，リスク評価も内部統制の要素の1つであるため，本書では日本内部監査協会［2019］で使用されている「自主点検活動」という言葉の意味にはCSAも含まれるとみなし，以後，CSAで統一する。

【図表4－9】　CSAの実施の有無

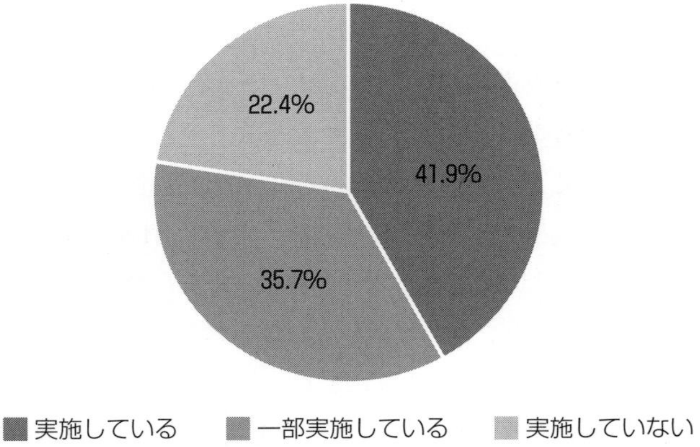

■ 実施している　　■ 一部実施している　　■ 実施していない

出所：日本内部監査教会［2019］を基に作成。

【図表4−10】　内部監査部門によるCSA評価の有無

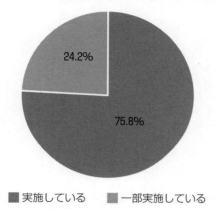

出所：日本内部監査教会［2019］を基に作成。

⑶　CSAの形式

　CSAには，主に2つの形式がある。関係者が一堂に会し半日や終日のミーティングを行うワークショップ方式と，内部監査の事前調査目的で使われる質問書方式である。米国では，ワークショップ方式が一般的に用いられており，内部監査人は通常，議事を進行するファシリテーター役を担当する（ファシリテーション方式と呼ばれることもある）。ワークショップ方式は，日本の製造会社などの工場で働く従業員が小グループを作って自主的に行う品質管理・改善活動であるQC（Quality Control）サークル活動に似ている。ただ，日本企業の内部監査の実務において，そのプロセスに組み込まれるのはやはり質問書方式であろう。CIA実践研究会［2023］によれば，CSAを行っている日本企業の約8割は質問書方式（ワークショップ方式との併用を含む）である（【図表4−11】を参照）。

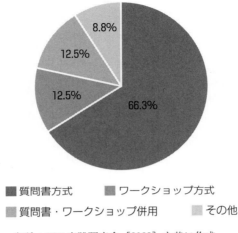

【図表4-11】 日本企業が用いるCSAの形式

8.8%

12.5%

12.5%

66.3%

■質問書方式 　■ワークショップ方式
■質問書・ワークショップ併用 　■その他

出所：CSA実践研究会［2023］を基に作成。

(4)　CSAの利点と課題

　日常的監視活動であるCSAの利点として鳥羽［2007］では，業務プロセスに関するリスクや統制活動が，業務プロセスの目的との関連において，経営管理・業務管理の責任者に具体的に理解されること，内部統制の欠陥や有効性に関する現場情報が，経営層に直接伝達されるようになること，内部統制システム全体を確立することの意味を，現場の人達に強く認識させること，などを挙げている。CSAを内部監査に利用することによって，以下のような効果が期待できる。

①　実際に監査に行く前に，監査先から事前にリスクやその統制に関する状況をある程度把握できるため，監査を効率的に進めることができる。

②　監査先の責任者や担当者に自分の担当する業務に関するリスクやその統制の状況が内部監査人や経営者の知ることとなるため，単に自部署内でCSAを行い上位者に報告されるよりも，業務に対する統制意識や緊張感

　が高まる。

③　国内の支店や営業所，海外拠点など本社から離れ，各地に点在している
　　多拠点のリスクや統制状況を内部監査部門がある程度把握することが可能
　　となり，リスクの高い拠点を重点的に監査できるようになる。

　他方，CSAには，いくつかの課題もある。最大の課題は，CSAは自己評価
者が正直に質問に回答することが大前提となっていることである。自己評価者
からの不正確な自己評価によって，現場の実態をCSAが正しく示していない
場合には，経営判断を間違える可能性も出てくる。内部監査手続にCSAが組
み込まれていて（事前調査など），内部監査人がCSAの結果をみて，リスクが
ないと判断し，内部監査の候補になっていた部署や子会社に対する実査を見合
わせたが，実際には統制状況の不備によって不正が起こっていて，それを見
逃してしまうことも考えられる。その他には，自己評価者の負担も課題であ
る。自己評価者は通常の業務をこなしながらCSAにも取り組まなければならず，
内部監査の対象に選ばれれば，その対応（資料の準備や会議室の手配など）も
しなければならない。CSAの基準となる業務の文書化が不十分な場合は，文
書化の作業も新たに加わることになり，そのような追加作業に対応する人員も
確保する必要がでてくるのである。

(5)　CSAを利用した監査における内部監査人の役割

　ビジネスの環境は常に変化をしている。その変化に合わせて，CSAを実施
する場合，その質問項目もその変化に応じてupdateしていかなければならな
い。質問書方式のCSAは，メンテナンスに労力を使うものである。ビジネス
環境やビジネスそのものの変化に応じて，内部監査人に求められる役割は，毎
年，CSAの対象部署と協議しながら新しい質問項目を追加したり，不要になっ
た項目を削除する（あるいは作業の支援）ことである。質問はできる限り，簡
潔で分り易く，自己評価者が答えやすいものにしていかなければならない。

　CSAの質問項目のメンテナンス業務をどの部門が主担当として行うかは企

業によって異なるが，内部監査部門は内部統制に関する専門部署として，企業の内部統制をより良いものにしていく重責を担っている。そのため，内部監査人にはリスクや内部統制に関する知識や質問を作るための技術に加え，他部署との調整能力やコミュニケーション力も求められるのである。日本内部監査協会［2017］では，日本企業における評価リスト（CSA質問書）の作成に関しては，やはり内部監査部門が自ら担当するか，自己評価者（部門）を支援するなど何らかの役割を担っていることがわかる（【図表4－12】を参照）。

【図表4－12】　CSA質問書の作成担当部門

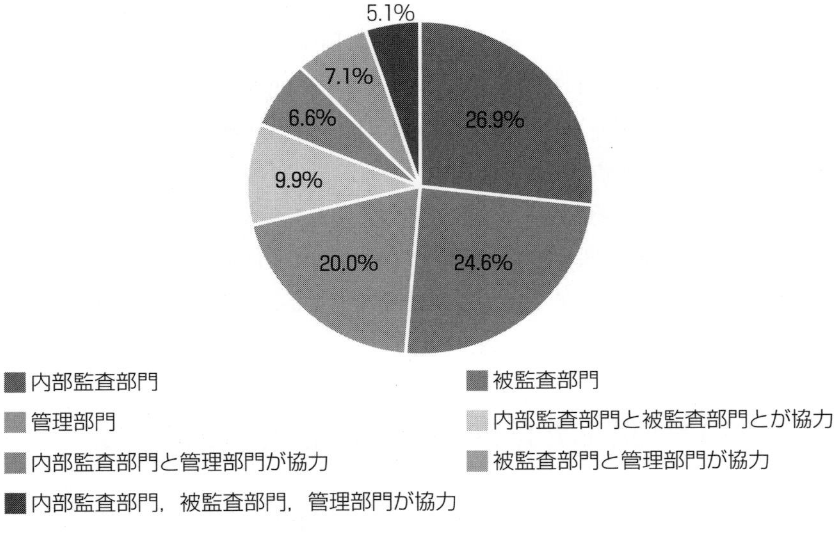

5.1%
7.1%
6.6%
9.9%
26.9%
20.0%
24.6%

■ 内部監査部門　　　　　　　　　　　　■ 被監査部門
■ 管理部門　　　　　　　　　　　　　　■ 内部監査部門と被監査部門とが協力
■ 内部監査部門と管理部門が協力　　　　■ 被監査部門と管理部門が協力
■ 内部監査部門，被監査部門，管理部門が協力

出所：日本内部監査協会［2019］を基に作成。

第5章 財務報告に係る内部統制の評価（J-SOX評価）

1. 内部統制報告制度

　金融商品取引法により，平成20（2008）年度4月1日以降の事業年度より内部統制報告制度が適用されている。内部統制報告制度では，上場会社を対象に財務報告に係る内部統制の有効性をまず経営者が評価し，その評価結果を記載した「内部統制報告書」を経営者が作成し，経営者の評価が適正かどうかを公認会計士が監査する（内部統制監査）。米国のSOX法にあるように内部統制の有効性を公認会計士が直接評価するダイレクトレポーティングに対して，日本の内部統制報告制度のように経営者の評価を公認会計士が監査する2段階の評価方法をインダイレクトレポーティングという。多くの上場企業では，この内部統制の有効性評価は，経営者の代理として内部監査部門が担当している（以下，J-SOX評価）。小規模な内部監査部門では，J-SOX評価が法対応業務であるが故に，その内部監査部門のメイン業務となっているのが現状である。

　J-SOX評価では，毎年同じ評価項目を同じように評価することから，制度上の形式要件だけを満たして，自社の内部統制を安易に「有効」と評価してしまう内部監査部門も少なくない。しかし，もし自社の財務諸表全体に影響を与えるような誤謬や粉飾が発覚した場合，「有効」と評価した内部統制報告書を訂正する必要がでてくる。「投資家をはじめとするステークホルダーの皆様，弊社の内部統制はこれまでは有効と評価し公表してきましたが，実は有効ではありませんでした。申し訳ございません。」と。金融商品取引法のコンプライアンスという観点から，J-SOX評価は内部監査部門にとって最も重要な業務であり，形式要件を満たすことだけを目的にするのではなく，毎年，評価の方法を工夫しながら慎重に行ってもらいたい。

　内部統制の評価には，統制が有効に機能する仕組みがあるかどうかを評価する整備状況評価と，その仕組みが整備されているだけではなく実際に有効に運用されているかを評価する運用状況評価の2つがある。内部監査人は，まず整

備状況を評価し（例えば，規程，業務マニュアル類が整っているか），整備状況が有効であれば，次にその運用状況を評価する（規定やマニュアルに従って，実際の業務が行われているか）。

　本章では，実際の企業の内部監査部門では，どのようにJ-SOX評価が行われているかを例示する。

2．全社的な内部統制の評価

J-SOX評価はどの企業でも，概ね【図表5－1】で示した流れで行われる。

【図表5－1】 財務報告に係る内部統制の評価・報告の流れ

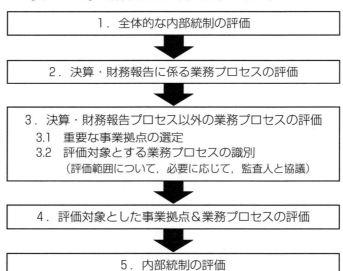

出所：「財務報告に係る内部統制の評価及び監査の基準並びに財務報告に係る内部統制の
　　の評価及び監査に関する実施基準の改訂について（意見書）」（企業会計審議会，2023
　　年，p.119）を参考に作成。

　まず，全社的な内部統制の整備状況と運用状況を評価する。全社的な内部統
制は企業全体に広く影響を及ぼし，文字どおり本社を含む国内外すべての事業
拠点を対象とする内部統制のことである。したがって，全拠点で内部統制評価
を実施すべきである。本社の全社的な内部統制は，内部監査部門が当該部署の
担当者に対してインタビューをしたり証拠資料をチェックしたり直接的に評価
が可能であるが，拠点数が多い企業では拠点に対して，通常，【図表5－2】

に示したようなチェックリストを各拠点の責任者（子会社の社長や支店長など）に配布し，まず自己評価をしてもらう。その後，自己評価済みのチェックリストをその評価の裏付けとなる証拠資料とともに内部監査部門に提出してもらい，自己評価を内部監査人が評価するといった形式を採用している。企業会計基準審議会が発行している「財務報告に係る内部統制の評価及び監査の基準並びに財務報告に係る内部統制の評価及び監査に関する実施基準の改訂について（意見書）」（以下，実施基準）に全社的な内部統制に関する評価項目の例が掲載されているので，それぞれの評価項目を回答しやすい質問に直してチェックリストを作成するとよいだろう（【図表 5 － 2】を参照）。その際，内部統制監査を担当する外部監査人と，チェックリストの質問項目とその評価基準について協議しておくことが重要である。

【図表 5 － 2】　全社的内部統制に関する評価チェックリストの例

内部統制の要素	テーマ	評 価 項 目（実施基準）	質問番号	質 問 事 項	証拠資料の例
A．統制環境	基本方針	A1．経営者は，信頼性のある財務報告を重視し，財務報告に係る内部統制の役割を含め，財務報告の基本方針を明確に示しているか。	A1.1	経理規程は経営会議や取締役会で承認されているか？	・経理規程 ・経営会議資料
	誠実性・倫理観	A2．適切な経営理念や倫理規程に基づき，社内の制度が設計・運用され，原則を逸脱した行動が発見された場合には，適切に是正が行われるようになっているか。	A1.2	最新の経理規程がイントラネットに掲載されているか？	経理規程が掲載されているイントラネットのスクリーンショット
			A2.1	行動規範が全従業員に周知されているか（冊子・イントラネットなど）？	・行動規範 ・経理規程が掲載されているイントラネットのスクリーンショット
			A2.2	定期的に全従業員が倫理研修を受けているか（オンライン研修を含む）？	・倫理研修会資料 ・研修会出席記録

		A2.3	コンプライアンス委員会が設置されているか？	コンプライアンス委員会組織図
		A2.4	不正事件などがあった場合，コンプライアンス委員会が開催されているか？	コンプライアンス委員会議事録
経営方針・戦略	A3．経営者は，適切な会計処理の原則を選択し，会計上の見積り等を決定する際の客観的な実施過程を保持しているか。	A3.1	外部監査人および内部監査人の指摘を受けた場合，適切な会計処理をしているか？	・内部監査報告書 ・マネジメントレター ・会計処理に関する資料
		A3.2	経理規程や業務処理基準書に基づいて，貸倒引当金や賞与引当金などの見積り項目を計上しているか？	・経理規程 ・関連する業務処理基準書 ・見積り項目の会計処理に関する根拠資料
取締役会，監査役会，監査委員会の機能	A4．取締役会及び監査役等は，財務報告とその内部統制に関し経営者を適切に監督・監視する責任を理解し，実行しているか。	A4.1	取締役会規程があり，議事録が作成されているか？	・取締役会規程 ・議事録
		A4.2	取締役会規程や監査委員会規程などの規程やガイドに財務報告とその内部統制に関して監督・監視する責任が明記されているか？	・関連規程 ・関連ガイド類
		A4.3	取締役や監査役は，上記の規程・ガイドに基づき，財務報告とその内部統制に関して監督・監視をしているか？	議事録
		A4.4	監査役会，監査委員会の中に会計の知識を有する者がいるか？	・有価証券報告書 ・ガバナンス報告書
	A5．監査役等は内部監査人及び監査人	A5	監査役または監査委員会は，必要に応じ	・議事録 ・内部監査報告書

			と適切な連携を図っているか。	て外部監査人ならびに内部監査人と連携しているか？	
組織構造・慣行	A6. 経営者は，問題があっても指摘しにくい等の組織構造や慣行があると認められる事実が存在する場合に，適切な改善を図っているか。	A6.1	公平な人事評価制度が全部門にあるか？	・組織図 ・人事評価規程
		A6.2	不正事件はすべてコンプライアンス委員会，経営会議，取締役会に報告されているか？	議事録
権限・職責	A7. 経営者は，企業内の個々の職能（生産，販売，情報，会計等）及び活動単位に対して，適切な役割分担を定めているか。	A7.1	レポーティングラインが明確になっているか？	組織図
		A7.2	すべての部署で職務分掌がつくられているか？	職務分掌
人的資源に対する方針と管理	A8. 経営者は，信頼性のある財務報告の作成を支えるのに必要な能力を識別し，所要の能力を有する人材を確保・配置しているか。	A8.1	経理担当者および管理者は，適切な業務に就いているか？	・経理部門の組織図 ・経理部門の職務分掌 ・経理部門の等級別能力・行動特性一覧表
		A8.2	経理部門には，信頼性のある財務報告の作成に必要となる能力を評価することが書かれた人事評価規程があるか？	経理部門の人事評価規程
		A8.3	上記の人事評価規程にしたがって経理担当者ならびに管理者は評価を受けているか？	経理部門の人事評価規程
	A9. 信頼性のある財務報告の作成に必要とされる能力の内容は，定期的に見直され，常に適切なものとなって	A9	経理担当者に会計基準の変更など適切な研修を実施しているか？	・経理部門教育計画 ・経理研修スケジュール ・研修会資料

		いるか。			
	権限・職責	A10. 責任の割当てと権限の委任がすべての従業員に対して明確になされているか。	A10	各部署に最新の業務分担表があるか？	業務分担表
		A11. 従業員等に対する権限と責任の委任は，無制限ではなく，適切な範囲に限定されているか。	A11	最新の決裁基準（上申規程）がイントラネットなどで全従業員がみることができるか？	・決裁基準（上申規程） ・決裁基準（上申規程）が掲載されているイントラネットのスクリーンショット
	人的資源に対する方針と管理	A12. 経営者は，従業員等に職務の遂行に必要となる手段や訓練等を提供し，従業員等の能力を引き出すことを支援しているか。	A12.1	人事部では，各部門で適切な研修が行われるための支援をしているか？	教育研修体系図
			A12.2	各部門で適切な研修が提供されているか？	・教育研修体系図 ・各部門で行われた研修の受講記録
		A13. 従業員等の勤務評価は，公平で適切なものとなっているか。	A13.1	従業員の業績評価の基準が明確になっているか？	業績評価基準
			A13.2	担当者（部下）は責任者（上司）と合意の上で，業務目標を設定しているか？	年間目標設定資料
B. リスクの評価と対応	リスクの評価	B1. 信頼性のある財務報告の作成のため，適切な階層の経営者，管理者を関与させる有効なリスク評価の仕組みが存在しているか。	B1.1	リスク評価の結果を会計上の見積り，予算，事業計画などに反映させているか？	・リスクマップ ・予算・事業計画作成資料
			B1.2	リスク評価を担当する者には，リスク評価をするための十分な能力・知識があるか？	・組織図 ・レジメなどリスク評価担当者の業績・バックグラウンドが分かる資料
		B2. リスクを識別する作業において，企業の内外の諸要因及び当該要因が	B2	リスクマップを作成しているか？	リスクマップ

		信頼性のある財務報告の作成に及ぼす影響が適切に考慮されているか。			
	リスクへの対応	B3. 経営者は，組織の変更やITの開発など，信頼性のある財務報告の作成に重要な影響を及ぼす可能性のある変化が発生する都度，リスクを再評価する仕組みを設定し，適切な対応を図っているか。	B3.1	社内外の大きな環境の変化などが財務諸表に影響を与える可能性がある場合，リスクの再評価を行っているか？	リスク再評価関連の資料
			B3.2	リスクの再評価の結果を受けた対応策が経営会議や取締役会で検討されているか？	・経営会議資料 ・取締役会資料
		B4. 経営者は，不正に関するリスクを検討する際に，単に不正に関する表面的な事実だけでなく，不正を犯させるに至る動機，原因，背景等を踏まえ，適切にリスクを評価し，対応しているか。	B4	経営者は，不正に関するリスクを検討する際に，発生原因や背景を確認し，リスクを評価し，対応策を講じているか？	・行動規範 ・コンプライアンス委員会議事録 ・就業規則 ・業績評価表 ・会議資料
C. 統制活動	方針と手続き	C1. 信頼性のある財務報告の作成に対するリスクに対処して，これを十分に軽減する統制活動を確保するための方針と手続を定めているか。	C1	財務報告に係る必要な方針や規程，マニュアル，業務処理基準書が経理部内で共有されているか？	・経理規程 ・経理業務処理基準書 ・経理関連マニュアル ・イントラネット画面
		C2. 経営者は，信頼性のある財務報告の作成に関し，職務の分掌を明確化し，権限や職責を担当者に適切に分担させているか。	C2	財務報告の作成担当者および管理者の業務は職務分離がなされ，業務分担表などで明確にされているか？ 例）銀行口座管理者	業務分担表

				と支払処理担当者の分離	
		C3. 統制活動に係る責任と説明義務を, リスクが存在する業務単位又は業務プロセスの管理者に適切に帰属させているか。	C3	各部門の予算担当者に予算と実績の差が発生した理由を経営者に説明させているか？	・予算と実績の比較分析資料 ・経営会議資料
		C4. 全社的な職務規程や, 個々の業務手順を適切に作成しているか。	C4.1	最新の職務分掌規程が整備されているか？	職務分掌規程
			C4.2	経理部門の業務処理基準書が整備されているか？	経理部門の業務処理基準書
			C4.3	経理部門以外の部門で, 財務報告に関連するプロセスの業務処理基準書が整備されているか？	経理部以外の部門の業務処理基準書
		C5. 統制活動は業務全体にわたって誠実に実施されているか。	C5	全従業員から行動規範の遵守を誓約する誓約書を取得しているか？	行動規範誓約書
		C6. 統制活動を実施することにより検出された誤謬等は適切に調査され, 必要な対応が取られているか。	C6	上位者による承認や職務分離などが行われていないことが発見された際, 必要な対応策が講じられているか？	・自己点検シート ・内部監査報告書
		C7. 統制活動は, その実行状況を踏まえて, その妥当性が定期的に検証され, 必要な改善が行われているか。	C7	規程やマニュアル, 職務分掌などが必要に応じて改善されているか？	・規程類 ・マニュアル類 ・職務分掌
D. 情報と伝達	情報の伝達	D1. 信頼性のある財務報告の作成に関する経営者の方針や指示が, 企業内	D1	財務報告の作成に関する経営者の方針や指示が関連部門や子会社に伝達される	・グループ内の経理部門のWebサイト ・グループ内の経理責任者会議資料

		のすべての者，特に財務報告の作成に関連する者に適切に伝達される体制が整備されているか。		ルートがあるか？	
		D2.　会計及び財務に関する情報が，関連する業務プロセスから適切に情報システムに伝達され，適切に利用可能となるような体制が整備されているか。	D2	会計および財務に関する情報が，関連する業務プロセスから適切に情報システムに伝達され，適切に利用可能となるような体制が整備されているか？	情報伝達システムの構成図と仕様書，業務フロー
		D3.　内部統制に関する重要な情報が円滑に経営者及び組織内の適切な管理者に伝達される体制が整備されているか。	D3	取締役会や経営会議で内部監査の結果や財務報告に係る内部統制の評価結果，外部監査人からの内部統制に関する報告がされ，適切な職位の管理者（執行役員など）に伝達される体制になっているか？	・経営会議資料 ・取締役会資料 ・内部監査報告書 ・マネジメントレター
	他の基本的要素との関係	D4.　経営者，取締役会，監査役及びその他の関係者の間で，情報が適切に伝達・共有されているか。	D4	同上	同上
		D5.　内部通報の仕組みなど，通常の報告経路から独立した伝達経路が利用できるように設定されているか。	D5	イントラネットやオフィス内の掲示板で内部通報制度の存在を従業員に周知しているか？	・内部通報制度のWebサイト ・内部通報制度を説明している掲示板
		D6.　内部統制に関する企業外部からの情報を適切に利用し，経営者，取締	D6	経理責任者や内部監査責任者は，外部監査人や専門家から入手した内部統制に関	・マネジメントレター ・研修資料 ・議事録

		役会，監査役に適切に伝達する仕組みとなっているか。		する情報を経営者や監査役に報告しているか？	
E．モニタリング	日常的モニタリング	E1．日常的モニタリングが，企業の業務活動に適切に組み込まれているか。	E1	規程や業務マニュアルに従って業務が行われているかを上位者がチェックしているか？	業務改善活動に関する資料
	独立的評価	E2．経営者は，独立的評価の範囲と頻度を，リスクの重要性，内部統制の重要性及び日常的モニタリングの有効性に応じて適切に調整しているか。	E2.1	内部監査部門は，リスクの重要性，内部統制の重要性，日常的モニタリングの有効性などを考慮して，監査計画を作成しているか？	内部監査計画作成関連の資料
			E2.2	監査計画は経営者によって承認されているか？	経営会議資料（内部監査計画の提案資料）
			E2.3	内部監査部門は監査対象から独立した組織であるか？	組織図
		E3．モニタリングの実施責任者には，業務遂行を行うに足る十分な知識や能力を有する者が指名されているか。	E3	経験，能力，専門性などを有した内部監査人が内部監査を行っているか？	・内部監査人のレジメ ・内部監査部門の研修計画表 ・内部監査人の資格証明書（CIA，CISAなどの）
	内部統制上の問題についての報告	E4．経営者は，モニタリングの結果を適時に受領し，適切な検討を行っているか。	E4.1	経営者は，内部監査部門の監査の報告書を受領しているか？	内部監査報告書
			E4.2	経営者は内部監査の結果を内部監査責任者から直接報告を受けているか？	経営者への内部監査の説明資料
			E4.3	内部監査の指摘項目に対する被監査先の改善状況は，経営者に報告されているか？	フォローアップ内部監査報告書

		E5．企業の内外から伝達された内部統制に関する重要な情報は適切に検討され，必要な是正措置が取られているか。	E5	経営者は外部監査人および内部監査人により報告された内部統制に関する不備・改善事項について，必要な是正措置を行うことを指示しているか？	・経営会議資料 ・取締役会資料 ・内部監査報告書 ・マネジメントレター
		E6．モニタリングによって得られた内部統制の不備に関する情報は，当該実施過程に係る上位の管理者並びに当該実施過程及び関連する内部統制を管理し是正措置を実施すべき地位にある者に適切に報告されているか。	E6	同上	同上
		E7．内部統制に係る開示すべき重要な不備等に関する情報は，経営者，取締役会，監査役に適切に伝達されているか。	E7	全社的な内部統制および業務プロセスにおける内部統制の開示すべき重要な不備等に関する情報は，経営者，取締役会，監査役に適切に報告されているか？	内部統制の開示すべき重要な不備に関する報告資料
F．ITへの対応	IT環境への対応	F1．経営者は，ITに関する適切な戦略，計画等を定めているか。	F1	経営戦略・計画に基づいたIT戦略や人員計画が経営会議や取締役会で承認されているか？	・経営会議資料 ・取締役会資料
		F2．経営者は，内部統制を整備する際に，IT環境を適切に理解し，これを踏まえた方針を明確に示しているか。	F2	IT関連の予算や人員体制，技術レベル，外部委託の状況などITに関する最新の情報は，経営者に定期的に報告されているか？	・経営会議資料 ・IT関連の内部監査報告書
		F3．経営者は，信頼	F3	情報システムの開発	システム開発関連の

			性のある財務報告の作成という目的の達成に対するリスクを低減するため，手作業及びITを用いた統制の利用環境について，適切に判断しているか。	プロセスにおいて，情報システムにより処理が行われる範囲と業務担当者により手作業で処理が行われる範囲を明確化し，システム管理部門とユーザー部門の責任者から承認を得ているか？	資料
		F4. ITを用いて統制活動を整備する際には，ITを利用することにより生じる新たなリスクが考慮されているか。	F4.1	経営に影響を与えるシステム障害が発生した場合，経営者へ適時報告するプロセスが策定されているか？	・システム障害報告書 ・システム復旧手順書
			F4.2	障害，コンピューターウィルスなどによる情報システムの破壊や消失，情報システムのロジックエラーやバグが発生した際に，速やかに復旧する手順が定まっているか？	同上
			F4.3	新規システム導入の計画段階で，リスクは考慮されているか？	ITプロジェクト計画書
			F4.4	内部・外部監査人による定期的なシステム監査が実施されているか？	内部監査報告書
		F5. 経営者は，ITに係る全般統制及びITに係る業務処理統制についての方針及び手続を適切に定めているか。	F5	システム開発規程，情報セキュリティポリシー，財務報告に関連するシステムの業務マニュアルが最新のものになっているか？	・システム開発規程 ・情報セキュリティポリシー ・会計システムの業務マニュアル

3．業務プロセスの評価

　全社的な内部統制の評価が終わったら，業務プロセスの評価を行う。業務プロセスの評価では，サンプルチェックが中心となるため，ある程度の大きさのサンプルが必要となる。売上ならば最低でも半年分くらい，つまり3月決算の会社であれば4月～9月くらいの売上関連データをサンプルベースで評価する。売掛金のようなバランスシートの科目の評価であれば，本来は期末日のデータを使うべきであるが，期末日のデータを使ってすべてのプロセスの評価を行うことは難しいため，外部監査人とよく話し合って，できるだけ期末日に近い日のデータを使って評価を行うことが現実的である。

　業務プロセスの評価では，実務上，業務内容やそのプロセスが記述されている「業務記述書」（【図表5－3】を参照）と業務の中に存在するリスクとそのリスクに対応する統制（コントロール）が書かれた「リスクコントロールマトリクス」（【図表5－4】を参照）が使われる。業務の流れを可視化した「フローチャート」を作成することも重要である。

　実施基準には，具体的にどのプロセスのどのコントロールを評価しなければならないとは書かれていない。企業の目標達成に大きくかかわるような重要な科目はすべて業務プロセスの評価対象である。評価の対象となるプロセスとコントロールは企業によって異なり，年度ごとにその見直しも必要となる。例えば，かつては全社での売上の大半を占めており，売上の業務プロセス評価の対象だった事業部が衰退して評価対象から除外されたり，逆に，新しい事業部の売上が伸びて評価対象に入ってきたりすることはよくあることである。

　整備状況は，適切な財務諸表を作成するための要件（実在性，網羅性，権利と義務の帰属，評価の妥当性，期間配分の適切性，表示の妥当性）を確保する合理的な保証が提供できているかを，質問，関連文書の閲覧，観察といった手続を通じて評価する。評価を担当する内部監査人は，この整備状況を評価する

【図表5－3】　業務記述書の例

業務記述書（例）

事業Aに係る卸売販売プロセス

1．受注
(1) 電話による注文の場合は，販売担当者が受注メモを作成する。
(2) 販売管理システムの受注入力は，得意先マスタに登録されている得意先の注文のみ入力することができる。
(3) 受注入力後，販売管理システムから出荷指図書及び注文請書が出力され，受注メモ又は注文書と照合された後，販売責任者の承認が行われる。
(4) 出荷指図書は受注メモ又は注文書を添付して出荷部門へ回付する。

2．出荷
(1) 出荷担当者は，出荷責任者の承認を受けた後，出荷指図書に基づき商品の出荷をする。
　　・
　　・
　　・

3．売上計上
(1) 出荷入力された出荷データは，売上データへ変換される。売上データは，会計システムへ転送され，売上伝票が出力される。
　　・
　　・
　　・

4．請求
(1) 出力された請求書は販売担当者へ回付され，販売担当者は売上伝票と照合する。
　　・
　　・
　　・

出所：「財務報告に係る内部統制の評価及び監査の基準並びに財務報告に係る内部統制の評価及び監査に関する実施基準の改訂について（意見書）」（企業会計審議会，2023年，p. 89）。

【図表 5 − 4】　リスクコントロールマトリクスの例

（参考 3 ）

リスクと統制の対応（例）

業務	リスクの内容	統制の内容	要件						評価	評価内容
			実在性	網羅性	権利と義務の帰属	評価の妥当性	期間配分の適切性	表示の妥当性		
受注	受注入力の金額を誤る	注文請書，出荷指図書は，販売部門の入力担当者により注文書と照合される。全ての注文書と出荷指図書は，販売責任者の承認を受けている	○	○					○	ー
受注	与信限度額を超過した受注を受ける	受注入力は，得意先の登録条件に適合した注文のみ入力できる				○			○	ー
:										
出荷	出荷依頼より少ない数量を発送する	出荷部門の担当者により出荷指図書と商品が一致しているか確認される	○		○				△	不規則的な出荷に担当者が対応できなかった。
出荷	出荷指図書の日程どおりに商品が出荷されない	出荷指図書の日付と出荷報告書の日付が照合される					○		○	ー
:										
:										

出所：「財務報告に係る内部統制の評価及び監査の基準並びに財務報告に係る内部統制の評価及び監査に関する実施基準の改訂について（意見書）」（企業会計審議会，2023年，p. 90）。

際，できるだけ現場に足を運んで，観察や業務担当者ならびに責任者への質問を通して該当プロセスとコントロールを十分理解することが重要である。

運用状況の評価は，整備状況評価で適切に整備されていると判断されたコントロールが，適切に運用されているかを判断するために行われる。質問，関連文書の閲覧，観察に加え，再実施（テスト）といった手続を組み合わせて行う。再実施（テスト）は，原則としてサンプルベースで行われるが，十分かつ適切なサンプリングで証拠を入手した上で行われなければならない。例えば，受注業務の「受注入力の金額を誤る」というリスクに対して，「出荷指図書は，販売部門の入力担当者により注文書と照合される。」「注文書と出荷指図書は，販売責任者の承認を受けている。」というコントロールがあることが整備状況評価で確認された場合，運用状況評価では，販売責任者による出荷の承認履歴をシステムから全件抜き出し，その中から任意に何件3）か選んで，実際の注文書と出荷指図書の内容が一致していること確認する。

3）　何件選んで評価するかは，監査計画を立てる段階で外部監査人とよく話し合って合意しておく必要がある。

第6章 内部監査と法定監査

内部監査と法定監査

1．監査の根源と要請理由

　監査の意義をアカウンタビリティの解除に求めるとき，その前提には委託受託関係が存在する。委託受託関係とは，当初は経済的資源の取得・利用・保管・処分の責任関係を意味しており，ある当事者がもう一方の当事者に対して経済的資源を委託することによって生じる関係である。すなわち，委託者は経済的資源を受託者に委託し，受託者は委託者の意図に沿うように，それらを管理・運用する。

　委託受託関係は，一方の当事者が他の当事者に対し経済的資源を無償で与える贈与とは異なり，経済的資源の管理・運用結果は，委託者の意思決定に影響を与えることになる。それゆえ，受託者は，委託者から報告を求められた場合には，または求められなくても適時に，どのように委託された経済的資源を管理・運用したのか，その顛末を委託者に弁明することが必要とされる。この弁明義務を報告責任（accountability；アカウンタビリティ）という。

　アカウンタビリティは，委託された財産の管理・運用の顛末を受託者が委託者に弁明する義務であるから，受託者はその弁明について，委託者の納得が得られるようにする必要がある。受託者の報告責任は，委託者の納得が得られない限り解除されない。そこで，受託者は委託者の納得を得るべく，口頭による説明から文書による説明へ，さらにその報告文書は客観的に証明可能な証拠を付したものになっていく。財務諸表は，委託者に向けた受託者のアカウンタビリティを果たすための手段とする一面がある。

　しかしながら，こうした弁明手段をもってしても，受託者は必ずしも委託者の納得を得ることができない場合が往々にして存在する。それは，証拠の主観性に由来する。すなわち，会計事実は，自然科学が求める絶対的真実ではなく相対的真実であるからである。委託された経済的資源の管理・運用についての会計事実は，受託者の主観的判断に基づく認識・測定行為の結果であり，ここ

に恣意性の存在が疑われる。委託者の納得とは，受託者が委託された経済的資源を委託者の意図に沿って管理・運用したということへの納得であるため，受託者の主観的判断における恣意性の存在が否定されなければならない。この主観的判断の恣意性の有無を検証する機能が監査である。受託者のアカウンタビリティの履行には，固有の限界がある。これを補完し，受託者の弁明義務を完全ならしめようとする機能が，監査にほかならず，監査結果を以ってアカウンタビリティを解除させるべきか否かの判断根拠となる。

　さらに，監査は，①利害の対立，②影響の重大性，③複雑性および④遠隔性の諸要因が，単独であるいは複合的に，委託者の許容範囲を超えた場合に，その必要性を増大させる。①は，受託者が委託者の委託者の意図に沿って行動すると受託者自身が不利益を被ることが認識される状況にあることを指す。②は，委託者からの報告内容が意思決定に影響を及ぼす度合いをいう。すなわち，意思決定を左右しかねない情報については，その内容に関する信頼性を求める状況にあることを指す。③は，委託者からの報告内容を理解できるほどの能力が委託者にない状況を指す。最後に④は，仮に受託者に報告内容を理解するだけの能力があったとしても，その報告内容の検討が，物理的・法的・費用的・時間的等に妨げられている状況を指す。こうした諸要因に起因して，受託者からの報告内容に対して第三者による検討結果に依存せざるを得ないような状況が生じてくるのである（**第1章**参照）。

　また，委託受託関係は，当初は経済的資源を媒介に成立していたが，やがて委託者の有する権利・権限へと拡張されていくことになる。これに伴い，監査は，会計監査から業務監査へと広がっていく。

2. 任意監査としての内部監査

　内部監査は，株式会社にあっては，経営者から経営資源を従業員に委託する委託受託関係とみる場合の監査と位置付けることができる。また，内部監査は，経営者（または組織）が自らの必要性に鑑みて自発的に行う任意監査であって，法令によって実施が義務づけられているわけではない。それは，委託者（＝経営者），受託者（＝従業員）および監査人（＝内部監査人）が同一組織に帰属しており，委託者の意図が予算とともに業務命令という形で伝達されるのであって，委託受託関係のあり方が経営者の経営手法となり，必ずしも法令による規制が馴染むわけではないということを意味する⁴⁾。何をどのように監査し，誰にどう報告するかは，経営のあり方と深く関係するのである。

　ここで監査対象領域について言えば，組織体内における経営資源の委託受託関係に鑑みると，経営者の業務命令が及ぶ範囲すなわち組織体の全領域でなければならず，除外領域があってはならない。したがって，内部監査は組織体のすべての業務活動を監査対象とすべきである。また，内部監査人の適格要件についても，原則的には，委託者である経営者が内部監査人として信頼できればいいわけであるが，少なくとも，自己監査にならないよう監査対象からの独立性が担保されていればよい。

　内部監査が任意監査であるとはいうものの監査である以上，一般的な監査の要件を具備したり監査のフレームワークに適合したりしていなければ，実施される内部監査の信頼性は揺らぐであろう。そこで，内部監査のフレームワークやその要件を示すものとして，内部監査人協会（ＩＩＡ）の『専門職的監査の

---

4)　東京証券取引所の「上場審査基準」における審査項目の1つである内部管理体制に内部監査が含まれており，「上場規程」では「コーポレートガバナンス・コード」の適用が求められ，そこに内部監査についての言及がみられる。これはすなわち，事実上，上場会社に対しては，内部監査の実施が求められているとみることができる。

国際的実施のフレームワーク』（IPPF），あるいは日本内部監査協会の『内部監査基準』および『内部監査基準実践要綱』等が存在するのである（**第2章**参照）。これらに基づいて，それぞれの組織体において内部監査規程を策定し，適切な内部監査手続の実施を確保し，監査結果を報告する体制を整備することが求められる。

3．内部監査と法定監査の関係

　株主を委託者，経営者を受託者とする委託受託関係においては，経済的資源や経営権が委託財となる。経済的資源を対象とする監査が会計監査（財務諸表監査）であり，監査人は公認会計士等と監査役等となる。上場会社にあっては，監査役等の会計監査に係る意見は，公認会計士等が実施する会計監査の方法と結果の相当性判断によって形成することとされており（会社計算規則第127条第2号，第128条第2項第2号，第128条の2第1項第2号，第129条第1項第2号），監査役等が実際に直接会計監査を行うことはない。また，経営権を対象とする監査が業務監査であり，監査役等が監査人となる。

(1)　金融商品取引法上の財務諸表監査

　金融商品取引法第193条の2第1項に基づいて行われる監査が，公認会計士等による財務諸表監査である。金融商品取引法の目的は，「企業内容等の開示の制度を整備するとともに，金融商品取引業を行う者に関し必要な事項を定め，金融商品取引所の適切な運営を確保すること等により，有価証券の発行及び金融商品等の取引等を公正にし，有価証券の流通を円滑にするほか，資本市場の機能の十全な発揮による金融商品等の公正な価格形成等を図り，もつて国民経済の健全な発展及び投資者の保護に資すること」（金融商品取引法第1条）とされており，これは委託受託関係を健全ならしめる意図がある。株主・投資者が委託する経済的資源は，有価証券の発行市場における購入代金を通じて直接的に委託され，また流通市場での購入代金を通じて間接的に委託される。委託された経済的資源の顚末報告として提供される財務諸表の信頼性を担保するために，財務諸表とその作成に至る会計業務を対象に財務諸表監査が実施されることとなる。

　財務諸表監査において，公認会計士等の監査人は，財務諸表に重要な虚偽表示が含まれていることを見逃して誤った監査意見を形成する可能性（監査リスク）を合理的に低い水準に抑えるように監査計画を策定する。その際，まず財務諸表に重要な虚偽表示が含まれるリスクを評価しなければならないが，この評価における重要な要素の1つが統制リスクである。統制リスクは，財務諸表の重要な虚偽表示が内部統制によって適時に防止または発見できない可能性であるので，監査人は内部統制の有効性を評価しなければならず，内部統制の基本的要素の「モニタリング」における独立的評定を担う内部監査を評価対象にすることになる。また，内部監査が会計業務を対象に監査を実施する場合には，監査人は，内部監査との共同監査を行ったり，内部監査の結果を利用したりすることが考えられる。財務諸表監査の基準である「監査基準」においても，「監査人は，企業の内部監査の目的及び手続が監査人の監査の目的に適合するかどうか，内部監査の方法及び結果が信頼できるかどうかを評価した上で，内部監査の結果を利用できると判断した場合には，財務諸表の項目に与える影響等を勘案して，その利用の程度を決定しなければならない。」（第三実施基準，四，3）とされている。なお，これを受けて，財務諸表監査の実務指針である監査基準員会報告書610「内部監査人の作業の利用」では，監査人が監査証拠を入手するために内部監査の結果を利用する場合の内部監査の評価・利用方法について規定している。

(2)　金融商品取引法上の内部統制監査

　経営者は，内部統制を整備・運用する責任を有しており，財務報告に係る内部統制については，その有効性を自ら評価しその結果を「内部統制報告書」として有価証券報告書とともに内閣総理大臣に提出することが求められている（金融商品取引法第24条の4の4第1項）。この内部統制報告書の適正性について，財務諸表監査と同一の監査人によって実施される監査が内部統制監査である（金融商品取引法第193条の2第2項）。

この一連の仕組みは，2000年代に入ってわが国で相次いで発覚した上場企業の開示にかかわる不祥事やコンプライアンスの欠如等の事件を契機に，エンロン事件やワールドコム事件を背景に2002年にアメリカで制定されたサーベンス・オクスリー法（SOX法）を参考にして制定されたため，日本版SOX法あるいはJ-SOXとも呼ばれ，上場企業を対象に2009年3月期の本決算から適用されている。

内部統制監査においても，監査人は，内部統制報告書に重要な虚偽表示が含まれているにもかかわらず誤った監査意見を表明するリスクを一定水準以下に抑えるように監査計画を策定する。監査人は，経営者による内部統制の評価結果を監査することから，まず，経営者により決定された評価範囲の妥当性を検討し，次いで，経営者が評価を行った全社的な評価および全社的な評価に基づく業務プロセスに係る内部統制の評価について検討する。内部監査は，全社的な内部統制でありモニタリング機能における独立的評定の役割を担うため，監査人の監査の対象となる。また，内部監査が経営者に報告する内部監査報告書に含まれる情報は，経営者の内部統制を評価する際の証拠となるため，監査人は内部監査の有効性を検証することで，経営者による内部統制評価の証拠の証明力を判断しなければならない。さらに，内部監査の有効性を検証した上で，必要に応じ，内部監査の結果を適切に利用することが認められている。「内部統制監査基準」では，「監査人は，内部統制の基本的要素であるモニタリングの一部をなす企業の内部監査の状況を評価した上で，内部監査の業務を利用する範囲及び程度を決定しなければならない。」（Ⅲ，3，（8））と規定されている。

(3)　会社法上の監査役等監査

監査役等監査とは，監査役（会），監査等委員会または監査委員会によって実施される監査である（会社法第381条第1項，第399条の2第3項第1号，第404条第2項第1号）。

以下，監査主体別ごとに概観する。

①　監査役（会）による監査

　監査役会設置会社は，株主総会において 3 名以上の監査役を選任し，そのうち半数以上が社外監査役でなければならない（会社法第335条第 3 項）。また，設置される監査役会は，すべての監査役によって組織され（第390条第 1 項），常勤監査役が選定される（第390条第 3 項）。監査役会は，監査報告を作成したり監査の方針等を決定したりするが（第390条第 2 項），監査役は独任制であり，会社法上監査役に付与されている，報告請求・業務財産状況調査権（第381条第 2 項），子会社に対する報告請求・調査権（第381条第 3 項），取締役会招集権（第383条第 2 項），取締役の違法行為等差止請求権（第385条第 1 項）等の職務権限を単独で行使することができる。

　また，監査役は取締役ではないため会社の使用人（従業員）に対する指揮・命令権をもたない。つまり，内部監査を自身の指揮・命令権の下に置くことは適切ではない。ただし，監査役は自らの職務権限を行使する上で補助使用人をもつことができる。その際，内部監査人が監査役の補助使用人を兼任することは避けなければならない。それは，監査役の補助を務めることと内部監査は，その性質を異にするからである。監査役補助使用人としての業務は監査役監査の補助業務であり，内部監査は内部統制の基本的要素であるモニタリング活動の一環であって，監査役監査が取締役の職務の執行状況を監査する際の対象である。

②　監査等委員会による監査

　監査等委員会設置会社では，株主総会で監査等委員である取締役をその他の取締役とは別に選任しなければならない（会社法第329条第 2 項）。その員数は 3 人以上で，過半数が社外取締役でなければならないものの（第331条第 6 項），常勤者を選定することは求められていない。また，設置される監査等委員会は，株主総会で選任された監査等委員である取締役の全員でもって構成される（第

399条の2第1項)。

監査等委員会は，取締役の職務の執行の監査と監査報告の作成，会計監査人の選任・解任に関する株主総会議案の決定等を行い（第399条の2第3項），報告請求・業務財産状況調査権（第399条の3第1項），子会社に対する報告請求・調査権（第399条の3第2項），取締役の違法行為等差止請求権（第399条の6第1項）等の職務権限を有する。

監査等委員会による監査は，各監査等委員が監査手続を実施するのではなく，当該会社に内部統制システムの整備の決定が義務づけられていることもあって（第399条の13第1項第1号ロ・ハ），必要に応じた内部統制部門や内部監査部門に対する指示をもって取締役の職務の執行状況に関する情報を収集する形で実施され，得られた情報から監査等委員会としての監査意見を形成する。

③　監査委員会による監査

指名委員会等設置会社には，指名委員会，監査委員会および報酬委員会という3つの委員会が置かれる（会社法第2条，第326条第2項）。各委員会は，取締役会が取締役の中から選定した3人以上の委員で構成され，その過半数は社外取締役でなければならない（第400条第1項〜第3項）。また，指名委員会等設置会社の取締役は，原則として当該会社の業務を執行することはできず（第415条），代わりに，取締役会が選任する代表執行役その他の執行役が，業務の執行および取締役から委任された業務執行の決定を行う（第418条）。

したがって，監査委員会は，執行役や取締役等の職務の執行を監査して，監査報告を作成する（第404条第2項）ことになる。また，報告請求・業務財産状況調査権（第405条第1項），子会社に対する報告請求・調査権（第405条第2項），執行役等の違法行為等差止請求権（第407条第1項）等の職務権限を有する。

監査委員会においても，監査等委員会と同様に，常勤者を選定する必要はなく，内部統制システムを利用した監査をすることが想定されている。したがって，指名委員会等設置会社の内部監査は，業務執行の責任である執行役にア

シュアランスを提供するとともに，監査委員会に指示を受けて，執行役等の職務の執行状況に関する情報を収集する形で実施され，得られた情報から監査等委員会としての監査意見を形成する。

④　内部監査と監査等委員会または監査委員会もしくは社外取締役との関係

　経営者（業務執行取締役，執行役）は，内部統制システムの整備・運用を通じて経営責任を果たすので，これらに対するアシュアランス業務を実施する内部監査は，経営者の業務執行を評価するのに重要かつ有用である（松井[2014]）。そのため，監査等委員会および監査委員会は，内部監査部門が内部統制システムを実質的に監査できる能力を有しているかについて確認する必要がある。

　監査等委員会による監査や監査委員会による監査は，内部統制システムを利用した組織的な監査であるため，この監査にとって，内部統制システムは重要な役割を果たすにもかかわらず，それが適切に構築・運用されていなければ，とくに内部監査が機能不全であれば，監査等委員会や監査委員会は，その職務とされる代表取締役をはじめとする業務執行者の監査を適切に実施できているとは言えなくなる。

　また，取締役会において個々の取締役は，その構成員として，業務執行の決定や業務執行者の人事にかかる会社の意思決定に参画し，業務執行者の職務執行に対する監視義務を負う（森本[2017]）。常勤の取締役あるいは何らかの担当業務のある業務執行取締役であれば，取締役会以外の各種経営会議に関与したり，自らの指揮・命令権などを発揮したりして業務執行者の職務執行に対する監視に資する情報を日常的に入手することができるものと思われるが，社外取締役にとってはそれが難しい状況であろう。この場合，内部監査が有益な情報源となり得る。社外取締役は，自らの職務に必要な情報を入手するために内部監査を利用すべきである。また，内部監査部門（長）は，内部監査の実効性を高める方策を社外取締役の支援を受けて実行すべきである。社外取締役は，

内部監査から入手した情報価値が低ければ，取締役としての責務を果たせない
のであるから，内部監査への支援は得られやすいと思われる。

4．会社法上の会計監査人監査

　会社法は，大会社（会社法第2条第6項：資本金5億円以上または負債総額200億円以上の株式会社），監査等委員会設置会社および指名委員会等設置会社に対して，会計監査人の選任を義務付けている（第327条第5項，第328条）。会計監査人は，公認会計士または監査法人でなければならない（第337条第1項）。

　会計監査人は，事業年度ごとに株式会社が作成する計算書類およびその附属明細書，臨時計算書類ならびに連結計算書類を監査し，会計監査報告を作成することである（第396条第1項）。これは，実質的に金商法上の財務諸表監査と同様である。したがって，金商法上の財務諸表監査を受けなければならない会社は，会計監査人に財務諸表監査の監査人と同じ公認会計士または監査法人を選任する。

　会計監査人は，その職務を行うにあたり，会社の会計帳簿またはこれに関する資料を閲覧・謄写し，会社の取締役や使用人に対して会計に関する報告を求めることができる（第396条第2項）。この調査権限は，必要があるときは子会社にも及ぶ（第396条第3項）。こうした職務を行うにあたり，会計監査人は補助者を使用することができるが，会社内部の者を補助者として使用することは，会計監査の独立性を疑わせることになるので，禁じられている（第396条第5項）。したがって，内部監査人が会計監査人補助使用人を兼任することはできない。

　内部監査は，株式会社にあっては，経営者から経営資源を従業員に委託する委託受託関係とみる場合の監査と位置付けることができる。また，内部監査は，経営者が自らの必要性に鑑みて自発的に行う任意監査であるものの，内部統制システムの検証を通じて，組織体を経営目標の効果的な達成に向かわしめる手

段の１つである。組織体の外部委託者が委託先を選定するとき，このことは非常に大きな要件になると思われる。組織体が同じ経営目標に向かっていることが，経営者が外部委託者から経済的資源や各種権限を受託する前提となる。その意味で，内部監査は法定監査の前提と言えるであろう。

第7章 内部監査の展開

1．不正リスクへの対応

(1) 不正と内部監査の役割

　会計不正や品質検査不正などの企業不正があとを絶たず，たびたび世間を騒がせている。

　GIASでは，不正（fraud）とは，不当または違法な個人的または事業上の利益を確保するために，個人または組織によって行われる，欺瞞，隠蔽，不正，資産または情報の不正流用，偽造，または信頼違反を特徴とする意図的行為であると説明されている。不正は，他人を欺くことを目的とした意図的な作為または不作為であり，結果として，損失を被る被害者が発生し，かつ／または不正実行犯が利得を得るものである（八田 [2012]）。公認会計士監査の基準（日本公認会計士協会・監査基準報告書240「財務諸表監査における不正」）では，不正とは，不当または違法な利益を得るために他者を欺く行為をともなう経営者，取締役，監査役等，従業員または第三者による意図的な行為をいうとされている。

　いずれにしても，不正は，通常，意図的に実施され，隠蔽されるものであると考えられることから，内部監査人は，常に不正が実行される可能性としての**「不正リスク」**の存在を認識した上で監査を計画し，実施する必要がある。ただし，内部監査人の役割は，不正を積極的に探索したり不正に自ら対処したりすることではなく，企業内に不正リスクを低減させるための内部統制が構築され有効に機能しており，不正を防止または早期に発見できる態勢が整っているかどうかを検証・評価することである。

　もちろん，内部監査を実施する過程で不正を発見した場合には，最高経営者，取締役，監査役などに適時に報告し，適切な対応を促す必要がある。特に，過年度の財務諸表に影響を与えるような不正を発見した場合には，上場企業であ

れば有価証券報告書等の訂正報告書の提出事由に該当する可能性もあるため，直ちに最高経営者および最高財務責任者に報告する必要がある（有限責任監査法人トーマツ［2022］）。

⑵　不正のトライアングル

　世間を騒がすような不正事例の背後には，しばしば複合的な要因が存在する。不正を引き起こす複合的な要因を説明するものとして，アメリカの犯罪学者であるD. R. クレッシーが提唱した，「**不正のトライアングル**」仮説がある。

　クレッシーは，資金の流用や資産の横領により投獄された経験をもつ200人に対して，なぜこうした不正を行ったのかを調査した。その結果，信頼されていた人間が信頼を裏切るのは，「動機・プレッシャーの存在」，「機会の認識」および「姿勢・正当化」という 3 つの要素がすべてそろった場合であるという仮説を立てたのである（**【図表 7 － 1 】**）（有限責任監査法人トーマツ［2022］）。

【図表 7 － 1 】　不正のトライアングル

動機・プレッシャー

機会　　　　　　　　　　姿勢・正当化

出所：筆者作成。

　もちろん，これらの要素が同時にそろえば必ず不正が行われるというわけではないが，不正発生のリスクは非常に大きくなる。この意味で，これら 3 つの要素は，不正リスクを生む要因，すなわち**不正リスク要因**であるということができる。

　動機・プレッシャーとして，例えば，経営者の報酬が業績連動型となってい

るとき，経営者は業績をよりよく見せるために粉飾を行う動機がある。また，従業員が多額の借金の返済を迫られているとき，会社のお金を横領してでも返済しようと考えるかもしれない。

　機会としては，例えば，極めて複雑な取引や会計上の見積りは，経営者が恣意的な判断によって虚偽の金額を計上することを可能にする。また，宝石・貴金属のような小型・高額な商品を取り扱っている場合には，内部牽制が十分に働いていないと，従業員に着服の機会を与えることになる。

　姿勢・正当化については，経営者が利益を上げるために不正をいとわない姿勢を示せば，不正を正当化する企業文化が醸成され，従業員も自らの不正に対して都合のよい言い訳けをするようになるかもしれない。

　こうした3つの不正リスク要因のうち，1つでも取り除けば不正が行われる確率が下がるとするなら，例えば，ルールの明確化によって業務執行の透明性を高め，また，内部統制を整備して業務を適切に管理することが，不正の機会を減らすための有効な対応であると考えられる。このとき内部監査は，ルールへの準拠性や内部統制の整備・運用状況を検証し，経営者，取締役，監査役等に対して意見を表明したり，改善に向けた提言や勧告を行ったりすることになる。

　しかし，内部監査の役割は，それだけではない。企業の経営目的の達成を支援することにより，経営者や従業員が不正を行う動機やプレッシャーを生まない環境づくりに寄与すること，また，ガバナンス機能の支援を通して，不正の正当化を許さない健全な企業文化の醸成に貢献することも，内部監査に求められる役割である。

⑶　不正リスク対応における内部監査の課題

　会計不正やその他の業務における不正が防止・発見されなかった事例を分析すると，内部監査の有効性の確保についていくつかの課題が浮き彫りになる。

　内部監査部門に経理や業務に精通した人材が配属されていなかったり，子会

社を含めてグループ全体を監査するのに必要なリソースが割り当てられていなかったりするなど，内部監査部門の体制が十分に整っていないケースがある。

　また，日本の企業では，内部監査部門は多くの場合最高経営者に直属しているが，最高経営者にコンプライアンス意識が欠如していることにより，内部監査が効果的に機能しないケースが見られる。反対に，内部監査部門が最高経営者に直属していないために内部監査部門の権限が弱く，内部監査部門が発見した不正の疑いに対して，最高経営者から圧力がかかり是正がなされなかったという事例もある。

　内部監査部門による監査の対象は企業のすべての業務であるとされるが，内部監査部門に配属される人員数は少なく，また予算も少額であることが多いことから，監査の実施範囲に大きな制約が生じることがある。また，内部監査人に対して，監査業務に関する知識，リスクとコントロールに関する知識，さらには不正に関する知識といった，効果的な監査を行うために必要かつ十分な専門的知識が備わっていないケースがある。

　企業の業務のうちでも，特に専門的な知識や能力が要求される会計業務の監査に対応できる，経理部門出身の内部監査人は必ずしも多くはない。このため，当該内部監査人が他の部署へ異動すると，会計・経理業務に対して効果的な監査を実施することが難しくなるといったケースが見られる。

　また，内部監査結果の報告については，内部監査基準でも最高経営者だけでなく取締役会や監査役等に対してもその経路を確保するべきであるとされている。しかし，実際には，取締役会や監査役会等に直接報告する機会が設けられていないか，または機会があっても報告内容が簡略化されている場合がある（EY新日本有限責任監査法人［2022］）。

　取締役会への報告経路の確保は，取締役会から内部監査部門に対する指示経路の確保と表裏の関係にある。例えば，最高経営者の関与が疑われる不正のような非常事態に備えて，平時から取締役会との間で指示・報告経路を確保しておくことが求められる。

２．３ライン・モデル

(1)　３線防御モデル

　ＩＩＡは，2013年に「有効なリスク・マネジメントとコントロールにおける３本の防衛線」と題するポジションペーパーを公表し，「３線防御モデル」と呼ばれる，リスク・マネジメントについての新たな考え方を示した（**【図表７－２】**）（日本内部監査協会［2014］）。

【図表７－２】　３線防御モデルの構造

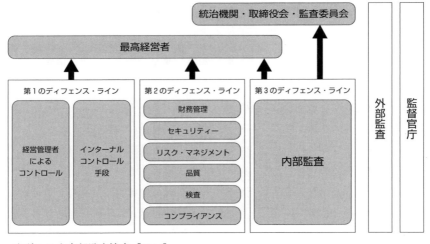

出所：日本内部監査協会［2014］。

　このモデルでは，リスクは企業活動によって利益を獲得するために所有すべきものと認識した上で，それが企業の経営目的の達成を阻害したり企業の存続を危うくしたりすることがないように，適時・適切にコントロールすべきものとしてとらえられている。

　第1のディフェンス・ラインは，リスクを所有し管理する部門であり，部門管理者は有効な内部統制を維持し，日常の業務においてリスクを識別，評価，コントロールおよび低減する責任を負う。

　第2のディフェンス・ラインでは，リスク・マネジメント，コンプライアンスおよびコントローラーの機能を設置して，第1のディフェンス・ラインが適切に設計され，意図したとおりに働いていることを確かめる。ただし，第2のディフェンス・ラインは本質的にマネジメント機能であるため，第1のディフェンス・ラインの機能を，完全に独立した観点から評価できるわけではない。

　これに対して，第3のディフェンス・ラインは，ガバナンス機関および上級経営者に対して，独立で客観的なアシュアランスを提供することが期待されている。第3のディフェンス・ラインを担う内部監査は，第1および第2のディフェンス・ラインがリスク・マネジメントおよびコントロールの目標を達成する方法を含めて，ガバナンス，リスク・マネジメントおよびコントロールの有効性に関するアシュアランスを提供するのである。

　3線防御モデルは，ガバナンス機関，上級経営者および業務管理者，リスク・マネジメントおよびコンプライアンス機能，ならびに内部監査のそれぞれの役割を示した，シンプルで理解しやすいモデルであり，世界中の組織体で広く採用されてきた。

　しかし，その一方で，組織体が直面するリスクには，経営目的の達成に対する阻害要因という側面と，組織体の成長・発展につながる機会という側面があるにもかかわらず，3線防御モデルは，もっぱら阻害要因というリスクの負の側面に対する防御的活動に焦点を当てており，あまりにも限定的・制限的であるとの批判がなされるようになった。

(2)　3ライン・モデルへの展開

　3線防御モデルに対する批判を受けて，IIAは，モデルの範囲を組織体の「価値の保護」を柱とするものから「価値の創造」を含むものへと拡大するこ

ととして，2020年に「ⅡAの3ラインモデル：3つのディフェンスラインの改訂」を公表し，3線防御モデルを改訂した。新しいモデルでは「ディフェンス」という語が落とされ，リスクの阻害要因としての側面だけでなく，目的の達成に寄与する機会という積極的な側面にも対応するものとして「3ライン・モデル」と呼ばれることになった（**【図表7－3】**）（日本内部監査協会［2020］）。

【図表7－3】　3ライン・モデルの構造

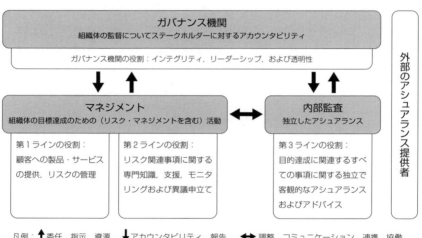

凡例：↑委任，指示，資源　↓アカウンタビリティ，報告　↔調整，コミュニケーション，連携，協働

出所：日本内部監査協会［2020］に一部加筆。

　組織体のガバナンス機関は，組織体の経営の舵取りを行い，それについてステークホルダーについて説明する責任，すなわちアカウンタビリティを負っている。しかし，ガバナンス機関が業務部門を直接管理・監督しているわけではない。

　ガバナンス機関は，経営業務執行の責任者を選定する。この責任者がさらに経営業務部門の管理責任者を任命し，リスク管理を含む組織体の経営目的を達成するための活動の管理を行わせる。この場合の活動は，阻害要因としてのリスクの回避や低減などだけではなく，経営目的の達成に寄与する機会をとらえるための積極的なリスクの所有が含まれる。こうした活動を支えるために，部

門の管理責任者に対する権限の委譲，指示の伝達，資源の配分などが行われる。

　経営管理部門の役割・機能は，第1ラインと第2ラインに分けられる。

　第1ラインは企業活動の最前線であり，活動にともなうリスクを管理しながら，顧客に対する製品やサービスの提供という，収益を生み出し経営目標の達成に直接貢献する。

　第2ラインはいわゆる経営管理部門で，第1ラインの活動，特にリスクに関連する活動を支援および管理し，必要に応じて改善・是正を行うという役割を担っている。これら2本のラインの責任者は，ガバナンス機関に対して活動内容や成果などを報告・説明する責任を負うことになる。

　第3ラインである内部監査は，第1および第2ラインとコミュニケーションを図りながら，ガバナンス機関からの指示に基づいて，経営管理者による活動を独立した立場からモニタリングする。そして，内部監査は，組織体の経営目標の達成に関わるあらゆる活動が効果的に遂行されていることについて，ガバナンス機関に対して独立した客観的なアシュアランスを提供したり，活動の改善に役立つ助言を行ったりする。

　これら3本のラインの活動によって，組織体の経営目的の効果的かつ効率的な達成が図られることになるのである。

3．ガバナンス・プロセス，リスク・マネジメント およびコントロールと内部監査

　内部監査基準は，「内部監査とは，組織体の経営目標の効果的な達成に役立つことを目的として，合法性と合理性の観点から公正かつ独立の立場で，**ガバナンス・プロセス，リスク・マネジメントおよびコントロール**に関連する経営諸活動の遂行状況を，内部監査人としての規律遵守の態度をもって評価し，これに基づいて客観的意見を述べ，助言・勧告を行うアシュアランス業務，および特定の経営諸活動の支援を行うアドバイザリー業務である。」と説明している。

　ここでいうガバナンス・プロセス，リスク・マネジメントおよびコントロールとは何か，そして，内部監査人は，これらに関連する経営諸活動の遂行状況をどのように評価をするのだろうか。

(1)　ガバナンス・プロセスと内部監査

　ガバナンス・プロセスは，組織体の目標達成に向けて，組織体の活動について情報を提供し，指揮し，管理し，監視するための手順であり，取締役会によって実施されるものである。こうしたプロセスが機能するためには，指示・命令にともなって権限が委譲され，課せられた職務の状況報告や顛末報告が承認されることによって，その責任が解除される仕組みが組織体内において整備・運用される必要がある。

　内部監査人は，権限の委譲および責任の解除が適切に行われているかどうかを評価する。ガバナンス・プロセスが機能するためには，リスクとコントロールに関する十分かつ適切な情報が不可欠である。したがって，内部監査人は，

組織体内で情報が形成される仕組みが構築され，情報が適切な部署に適時に伝達されているかどうかを確かめる必要がある。

　また，最高経営者，取締役会，監査役（会），監査委員会または監査等委員会，外部監査人および内部監査人の間で情報が適時・適切に共有されているかどうかも重要な評価事項である。

　さらに，あらゆる組織体においてITが不可欠な経営資源となっていることに鑑み，内部監査人は，ITガバナンスを重要な監査対象として識別する必要がある。

　ITガバナンスは，組織体の目的達成のための経営戦略の遂行をITが効果的かつ効率的に支援できるように，IT投資を含むIT戦略を決定し，IT管理態勢の構築を指導・監督する最高経営者および取締役会等が担うプロセスである。内部監査人は，最高経営者および取締役会等が組織体の戦略と整合するIT戦略を立案し，指示しているか，ならびにIT戦略が実際に機能しているかを評価しなければならない。また，最高経営者がITに係る全般統制およびITに係る業務処理統制についての方針および手続を適切に定めているかも評価の対象となる。

　内部監査人は，以上のような点を評価することによって，ガバナンス・プロセスの改善に寄与することができるのである。

(2)　リスク・マネジメントと内部監査

　内部監査部門は，リスク・マネジメント・プロセスの妥当性および有効性に対して監査を実施した結果としてアシュアランスを提供する。しかし，リスク・マネジメントにかかわる責任は経営管理者に帰属するため，内部監査人はこれに関するいかなる責任も負ってはならない。内部監査部門がリスク・マネジメントに責任を負うと，リスク・マネジメント・プロセスに対する監査が，いわゆる自己監査となってしまうからである。

　内部監査部門がアシュアランスの提供を超えてリスク・マネジメント・プロ

セスに積極的かつ継続的に関与する場合には，その独立性および客観性を維持しなければならない。このため，リスク・マネジメントに対する責任は経営管理者が負い，内部監査部門は経営管理者の代わりにいかなるリスクも管理しないことを明確にする必要がある。また，内部監査部門は，最高経営者ないし経営管理者の意思決定に対して助言，異議申立および支援をするにとどめ，リスク・マネジメントに関する意思決定を行ってはならない。

　内部監査部門は，①事象の識別，②リスクの分析・評価，③リスクの管理，④リスクのコントロール，ならびに⑤定期的な評価および環境変化への対応からなるリスク・マネジメント・プロセスにしたがって，【図表7－4】に示す視点からその妥当性および有効性を評価し，改善のための提言を行う。

【図表7－4】　リスク・マネジメント・プロセスの評価視点

①　事象の識別
・組織体の目標達成に影響を与える事象がマイナスの影響を与える「リスク」とプラスの影響を与える「機会」の両面で的確に識別されているか ・識別されたリスクの情報が最高経営者および組織体内の適切な部署に適時に伝達されているか
②　リスクの分析・評価
・リスクをどのように管理するかを判断する基礎としてそれぞれのリスクが分析・評価されているか
③　リスクの管理
・リスクを受容可能な水準まで低減するための管理方針が決定されているか
④　リスクのコントロール
・当事者によってとられる具体的な行動によって組織体のリスクが受容可能な水準にまで低減され，組織体の目標やゴールが効果的かつ効率的に達成されようとしているか
⑤　定期的なリスク評価および環境変化への対応
・組織体において，少なくとも年に1回はリスクの識別からコントロールまでの一連のプロセスが実施され，関連するコントロールの運用状況が最高経営者および取締役会に報告されているか ・組織体の内外の環境に著しい変化が生じた場合には適時かつ適切にリスク・マネジメント・プロセスが見直されているか

出所：日本内部監査協会［2017b］に基づき筆者作成。

　内部監査部門は，最高経営者および組織体内の適切な部署に対して，リスク・マネジメント・プロセスの評価を通じて把握した，コントロール上の課題にかかわる問題を解消するための改善策について提言を行うのである。

(3)　コントロールと内部監査

　コントロールとは，経営管理者，取締役会およびその他の当事者が，リスクを管理するために，また，設定した目標が達成される可能性を高めるために行うすべての措置をいう。

　コントロールをどのように構築するかは組織体の任意だが，①組織体の全般的または部門ごとの目標の達成状況，②財務および業務に関する情報の信頼性と誠実性，③業務の有効性と効率性，④資産の保全，ならびに⑤法令・方針・定められた手続および契約の遵守に関する適切かつ重要な情報が，組織体内の責任ある意思決定者に対して適時・適切に提供されるように設計する必要がある。

　内部監査人は，コントロール手段の妥当性および有効性について，組織体のガバナンス・プロセスおよびリスク・マネジメントと関連づけて評価しなければならない。

　コントロールの評価は，全般的なシステムの有効性と選択された個別の手段の妥当性および有効性について行われる。

　全般的なコントロール・プロセスの有効性について，内部監査人は，内部監査の対象となるコントロールの妥当性と有効性を評価する。また，経営管理者が，目標を設定し，これにかかわるリスクを識別・分析・評価し，受容すべき残余リスクを決定した上で，リスクを受容可能な範囲内に収めるためのコントロール手段を設定していることを確認する。

　一方，内部監査人は，選択された個別のコントロール手段の妥当性および有効性を評価するのに十分な証拠資料を入手できるように内部監査の実施計画を策定しなければならない。そして，組織体のリスク・マネジメントで識別され

たリスクとの関連に着目して，選択されたコントロール手段の妥当性および有効性を評価する必要がある。

　コントロール手段の妥当性および有効性の評価にあたって，内部監査人は，他の内部監査人や外部監査人による評価結果，経営管理者による自己評価の結果，業務管理部門による日常的モニタリングの結果等と，そのフォローアップの状況，および企業内外の環境変化とその影響を考慮する。また，各部門の業務活動を合法性と合理性の観点から評価しなければならないため，内部監査部門としても，関連法令の改正等についての情報を得ておく必要がある。

4．ガバナンス機関と内部監査

内部監査部門は，組織上は経営者に直属し，職務上は取締役会から指示を受け，同時に，取締役会および監査役もしくは監査役会，監査委員会または監査等委員会（監査役等）への報告経路を確保しなければならないとされている（内部監査基準2.2.1）。内部監査部門は，監査の結果を，組織上直属する経営者に対してだけでなく，職務上の指示を受けた取締役会に対しても報告する必要がある。特に，取締役会や監査役等に対して，経営者の業務執行の監査・監督に必要な情報を報告または伝達することを求められている。

取締役会は，ガバナンスの中核を占める会社の機関であり，会社の目標達成に向けて，経営活動について情報を提供し，活動を指揮，管理および監視する機能を担っている。ガバナンスにおける取締役会の役割および機能をどのように考えるかによって，アドバイザリー・モデルとモニタリング・モデルという2つのモデルが提唱されている。それぞれのモデルにおいて，内部監査がどのような役割を果たすのかについて簡単にみておこう。

(1)　アドバイザリー・モデルにおける内部監査

アドバイザリー・モデルは，経営者に対して経営上必要なアドバイスをすることが，取締役会の主たる役割・機能であると考えるものであり，日本の伝統的な会社形態である監査役（会）設置会社と親和性があるといわれる（松浪［2014］）。ガバナンスを担う機関としては，会社の業務内容に精通した社内出身の取締役が多数を占める取締役会こそがふさわしいとされるのである。

【図表7−5】は，アドバイザリー・モデルにおける会社における内部監査の位置づけを示したものである。

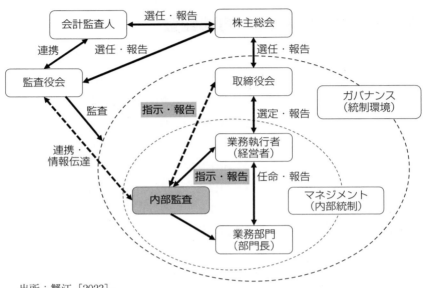

【図表7－5】 アドバイザリー・モデルにおける内部監査

出所：蟹江［2023］。

　監査役会設置会社の内部監査部門は，組織上，業務執行責任者である経営者に直属する形で設置されているのが一般的である。このため，内部監査はマネジメントの枠内に置かれることになる。その上で，**【図表7－5】**では，「業務執行者（経営者）」から実線の矢印が「内部監査」に向けて伸びている。この矢印は，経営者から内部監査に対して内部監査にかかわる指示が出されることを意味している。

　経営者からの指示を受けて，内部監査部門は，業務部門における経営業務が効果的かつ効率的に行われているかどうかを検証し，マネジメント・プロセスの有効性について客観的な意見を表明する。もし監査の過程でプロセスの有効性を損なうような不備が見つかれば，これを改善するための助言を行う。

　【図表7－5】における点線で示すように，内部監査部門は，取締役会との間にも指示を受け，報告を行うラインをもつ。これが図表中，内部監査から取締役会に向かって伸びて矢印による報告である。すなわち，内部監査は，取締

役会から職務上の指示を受け，経営者が，内部統制（コントロール）やリスク・マネジメントなどのプロセスを適切に構築・整備し，かつそれらを効果的に運用しているかどうかを監査し，その結果を取締役会に報告する。取締役会は，内部監査からの報告に基づいて業務執行者の監督を行うことにより，ガバナンス機関としての職責を果たすのである。

(2)　モニタリング・モデルにおける内部監査

　モニタリング・モデルは，取締役会の中核的な役割・機能を，経営者による経営業務の執行を監視，監督，評価し，場合によっては業務執行者に対して人事権を行使することと考えるものである。日本の指名委員会等設置会社や監査等委員会設置会社は，モニタリング・モデルの考え方に沿った会社形態であるといわれている（松浪［2014]）。

　モニタリング・モデルにおける取締役会の役割・機能は，経営業務執行が法令や定款にしたがってステークホルダーの利益に配慮して行われるように，経営者を監視・監督し，経営者に対してインセンティブを与え，場合によっては経営者を交替させたりすることである。取締役には，会社の業務に対する理解よりも経営者からの独立性が求められるため，取締役会の構成は独立社外取締役が多数を占めることが望ましいとされている。

　モニタリング・モデルにおける内部監査の位置付けを示したのが，【図表7-6】である。

【図表7－6】 モニタリング・モデルにおける内部監査

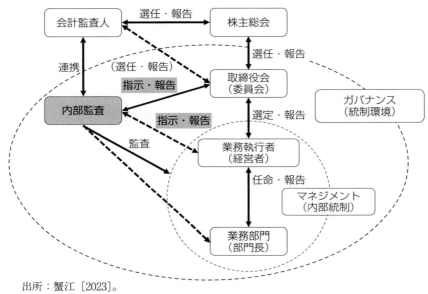

出所：蟹江［2023］。

　モニタリング・モデルの理念に沿えば，内部監査部門は取締役会から指示を受け，経営者が業務部門の業務に対するマネジメント・プロセスを適切に構築・整備し，効果的に運用しているかどうかを監査し，その結果を取締役会に報告することを役割とすると考えられる。この関係は，【図表7－6】において「取締役会（委員会）」と「内部監査」の間に引かれた実線の矢印によって表されている。

　一方，モニタリング・モデルでは，内部監査はマネジメントの枠内ではなく，ガバナンスの枠組みに関連づけられる。このため，アドバイザリー・モデルでは実線で示されていた経営者と内部監査との関係は，モニタリング・モデルでは点線によって示され，経営者と内部監査との関係が副次的なものになることを表している。

　また，内部監査の対象は，アドバイザリー・モデルにおいては業務部門における経営業務であるのに対して，モニタリング・モデルでは，監査対象はマネ

ジメントの状況ないし内部統制の運用の状況である。そして，それを裏づける
ために，業務部門における経営業務の遂行状況の検証が行われるのである。

　取締役会のモデルが変わっても，内部監査の手続が根本的に変わるわけでは
ない。しかしながら，監査の重点が変われば監査人に求められる視点に違いが
生じる可能性がある。内部監査人は，ガバナンス機関の支援という目的に照ら
して，自らに求められる役割・機能を十分に理解した上で監査を実施する必要
がある。

5．内部監査の品質評価

　内部監査は公認会計士監査や監査役監査と違い，経営のために行われる任意の監査である。したがって，内部監査のテーマや手法，内部監査部門の方針や体制，人員など各社各様である。各社各様であるがゆえに，経営者や内部監査部門長は自社の内部監査部門がどれくらい経営に貢献しているのか，他社と比べてどれくらいのレベルにあるのかなどについて関心をもっている。そこで，内部監査の品質評価が行われる。内部監査の品質評価では，「内部監査基準」や「IPPF」などの「基準」への適合性や内部監査の有効性，効率性などが評価される。IIAが発行している「内部監査の専門職的実施の国際基準」（以下，国際基準）では，品質評価について，以下のように規定している。

> ### 1300 ― 品質のアシュアランスと改善のプログラム
> 内部監査部門長は，内部監査部門を取り巻くすべての要素を網羅する，品質のアシュアランスと改善のプログラムを作成し維持しなければならない。
>
> ### 1310 ― 品質のアシュアランスと改善のプログラムの要件
> 品質のアシュアランスと改善のプログラムには，内部評価と外部評価の両方を含めなければならない。

「国際基準」では，内部評価について，以下のように規定している。

> ### 1311 ― 内 部 評 価
> 内部評価には，以下の項目を含めなければならない。
> - 内部監査部門の業務遂行についての継続的モニタリング
> - 内部監査部門による定期的自己評価，または内部監査の実務について十分な知識を有する組織体内の内部監査部門以外の者による定期的評価

　継続的モニタリングとは，内部監査部門内に内部監査業務をモニタリングする機能を持たせ，ⅠⅠＡの発行している「品質評価マニュアル」や日本内部監査協会が発行している「内部監査品質評価ガイド」などにしたがって，継続的に品質評価および業務改善を行うことである。金融機関や海外で事業を展開しているグローバル企業の大規模内部監査部門ではモニタリングの専門チームを設置しているところもあるが，内部監査部門長や管理職によるモニタリングが一般的であろう。

　「国際基準」では，外部評価について，以下のような規定がある。

> ## 1312 — 外 部 評 価
>
> 外部評価は，組織体外の適格にしてかつ独立した評価実施者または評価チームによって，最低でも5年に1度は実施されなければならない。内部監査部門長は，取締役会と以下の点について話し合わなければならない。
> - 　外部評価の形式と頻度
> - 　潜在的な利害の衝突を含めた，外部の評価実施者または評価チームの適格性と独立性

　外部評価は，定期的な品質評価を社外の専門家に依頼することである。内部監査の品質評価のサービスは監査法人や日本内部監査協会などが提供している。外部評価には，品質評価すべてを社外の専門家が直接行うフル外部評価と内部監査部門内での自己評価を社外の専門家が検証するSAIV（Self‒Assessment with Independent Validation）の2種類がある。当然，フル外部評価のほうがコストはかかるが，専門家がすべて評価していることから，①他社と比較して自分達の内部監査の品質がどれくらいのレベルにあるのかがわかる，②改善点を第三者の専門家の視点から具体的に提案してもらえる，③外部評価を受けていることを有価証券報告書やコーポレートガバナンス報告書などに記載することは，自社の内部監査の品質向上やガバナンス強化を積極的に行っている経営姿勢をアピールすることができる，④内部監査に対する経営者の理解が深まる，などのメリットがある。できるだけ多くの内部監査部門にフル評価を受けて欲

しい。

「国際基準」では，報告について，以下のように記載されている。

1320 ― 品質のアシュアランスと改善のプログラムに関する報告

内部監査部門長は，品質のアシュアランスと改善のプログラムの結果を，
最高経営者および取締役会に伝達しなければならない。その開示内容には，
次の事項を含めるべきである。

- 内部評価と外部評価について，その範囲と頻度
- 潜在的な利害の衝突も含めて，評価実施者または評価チームの適格性
  と独立性
- 評価実施者の結論

6．RPAなど新技術への対応

　技術革新が進むと，それに伴い企業のビジネスモデルも変化する。RPAや
AI，IoT，DXなどがもたらすビジネスチャンスは計り知れないが，新たなビ
ジネスチャンスには経営目標達成を阻害する新たなリスクの発生も伴う。内部
監査には，そのような新しいリスクに対応したコントロールが社内に整備され
ているのか，整備されているとすればそれらのコントロールが適切に運用され
ているのかを評価し，経営者に改善を求めていくことが求められる。

　紙幅の関係から，ここではRPAの内部監査について述べる。RPAはRobotic
Process Automationの略で，これまで人が手作業で行っていた業務をロボッ
トに覚えさせ自動化することである。RPAは，様々な部門・業務で導入が可
能である。例えば，内部監査業務でもRPAを導入している企業がある。J-SOX
の業務プロセスのコントロール評価などは毎年同様の手続で行われるため，
RPAとの相性がいい業務である。評価対象システムからのデータ抽出や抽出
されたデータからのサンプル抽出などは自動化が比較的簡単にできる。RPA
に関するリスクとしては様々なものが考えられるが，大きく分けると，RPA
導入の際のプロジェクト段階でのリスクと導入後の体制や運用面でのリスクが
存在する。RPAに対して監査をする場合，RPAについての専門性のある内部
監査人が監査チーム内にいるに越したことはないが，技術的な専門知識がなく
てもリスクやコントロールの有効性を評価することは可能である。経理部門や
営業部門などでRPAを導入する企業は増えている。

　他方，RPAを導入すると，その部門・業務ごとにリスクも発生する。内部
監査人は，そのような新たなリスクを洗い出し，それらのリスクに対応したコ
ントロールの整備・運用状況を監査することになる。ここでは，RPAの導入
によって発生する可能性のあるリスクを例示する。

【図表7-7】 RPA導入によって発生するリスク

項　　目	リスクの例
RPA導入時	RPA導入の方針がなく，各部門独自の考えでRPAに適さない業務に導入されてしまう。
	RPA導入の方針がなく，重複したRPAが導入され業務が非効率的になる。
	RPA導入の方針はあるが，その方針通りにRPAを導入する体制が整備されていないため，RPAの導入が遅れる。
	RPA導入の方針はあるが，その方針通りにRPAを導入する体制が整備されていないため，質の悪いRPAベンダーが選ばれてしまう。
RPA導入後	RPAに不正にアクセスされ，情報が漏洩する。
	RPAに不正にアクセスされ，データが改ざんされる。
	RPAの操作を間違える。
	RPAのプログラムに不具合が起こる。
	RPAの教育体制の不備により，RPAを適切に管理する人材がいない。
RPAの廃止	利用していないRPAが廃止されず残っている。

7．サステナビリティ情報の監査

(1)　サステナビリティ情報の開示

　サステナビリティ情報は，統合報告の考え方の浸透にあわせて，価値創造の
ストーリーの中に組み込まれた非財務情報の代表例の 1 つである。サステナビ
リティに配慮しない経営はもはや成立せず，サステナビリティへの配慮が企業
価値とどのように関係しているのかを示す必要が生じてきた。

　2021年に改訂されたコーポレートガバナンス・コードでは，上場会社に対して
サステナビリティへの取組みについての開示が求められている（補充原則13－
1 ③）。プライム市場上場会社にあっては，気候変動に係るリスクおよび収益
機会が事業活動や収益等に与える影響について，必要なデータの収集分析を行
い，国際的に確立された開示の枠組みであるTCFD[5] またはそれと同等の枠
組みに基づく開示の質と量の充実が求められる。その際，いわゆる「リスク」
のみならず，収益をもたらす「機会」も含まれることに注意が必要である。

　また，2023年 1 月31日，「企業内容等の開示に関する内閣府令の一部を改正
する内閣府令」が公布・施行され，記載上の注意事項に新たに「サステナビリ
ティに関する考え方及び取組」が加わった。

　こうした流れは，全世界共通である。アメリカの証券取引委員会（SEC）は，
SEC登録企業に対して，TCFDの枠組みに沿った気候変動に関するリスク情報
の年次報告書（Annual Report）での開示を義務付けることとしている。

　また，ヨーロッパでは，2021年 4 月に公表した企業サステナビリティ報告指令

---

5)　Task Force on Climate-related Financial Disclosure（気候関連財務情報開示タス
　　クフォース：TCFD）は，2015年にG 20傘下の金融安定化理事会（FSB）により設
　　立され，2017年に気候関連情報の開示に関するガイドラインを策定した。ガイドラ
　　インには法的拘束力はなく，あくまでも企業の自主的取り組みを促すものであった
　　が，各国当局が自国の開示ルールに採用する傾向がある。

（Corporate Sustainability Reporting Directive；CSRD）案が2022年11月に最終化された。2022年4月には，CSRDに基づく具体的な開示基準である欧州サステナビリティ報告基準（European Sustainability Reporting Standards；ESRS）案を欧州財務報告諮問グループ（European Financial Reporting Advisory Group；EFRAG）が公表し，市中協議を経て，11月に欧州委員会（European Commission；EC）に送付され，さらなる検討が進められている。

　わが国では，企業内容開示制度の中で有価証券報告書にサステナビリティ情報を一括で記載しようとしているのは上述のとおりであるが，開示基準そのものについては，以下のような状況にある。

　2022年7月，公益財団法人財務会計基準機構（Financial Accounting Standards Foundation；FASF）において，サステナビリティ開示について，国際的な意見発信や，わが国における具体的開示内容の検討を行うことを目的とする，サステナビリティ基準委員会（Sustainability Standards Board of Japan；SSBJ）が正式に設立された。SSBJは，国際サステナビリティ基準審議会（International Sustainability Standards Board；ISSB）が公表したサステナビリティ開示基準の公開草案に対し，わが国の投資家や企業等の要望を踏まえて意見発信を行っており，その後も，ISSBにおける公開草案後の議論を注視して今後の対応を議論するとともに，わが国における開示基準の検討を行っている。

(2)　有価証券報告書への記載

　TCFDは，4つのコア・コンテンツつまり「ガバナンス」，「戦略」，「リスク管理」および「指標と目標」に分けてサステナビリティ情報を開示することとしている。

　有価証券報告書では，まず，気候変動情報と人的資本・多様性に関する情報開示が，この4つのコア・コンテンツに整理されて記載されることになる。

【図表 7 － 8 】　サスティナビリティ情報の「記載欄」に係る改正

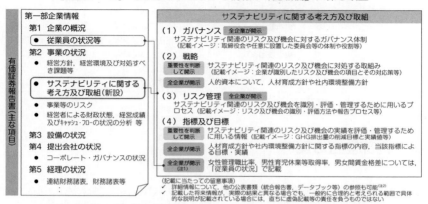

（注1）「女性の職業生活における活躍の推進に関する法律（平成27年法律第64号）」又は「育児休業，介護休業等育児又は家族介護を行う労働者の福祉に関する法律（平成3年法律第76号）」に基づく情報の公表義務（努力義務は含まれない）のある企業が対象となる

（注2）参照先の書類に明らかに重要な虚偽記載があることを知りながら参照するなど，当該参照する旨の記載自体が有価証券報告書の重要な虚偽記載になりうる場合を除けば，単に任意開示書類の虚偽記載のみをもって，金融商品取引法の罰則や課徴金が課されることにはならない

出所：金融庁［2023］。

【図表 7 － 9 】　気候変動情報に関するコア・コンテンツの定義と開示推奨例

ガバナンス	戦略	リスク管理	指標と目標
気候関連のリスク及び機会に係る組織のガバナンスを開示する。	気候関連のリスク及び機会がもたらす組織のビジネス・戦略・財務計画への実際の及び潜在的な影響を，そのような情報が重要な場合は，開示する。	気候関連リスクについて，組織がどのように識別・評価・管理しているかについて開示する。	気候関連のリスク及び機会を評価・管理する際に使用する指標と目標を，そのような情報が重要な場合は，開示する。
推奨される開示内容	推奨される開示内容	推奨される開示内容	推奨される開示内容
a）気候関連のリスク及び機会についての，取締役会による監視体制を説明する。	a）組織が識別した，短期・中期・長期の気候関連のリスク及び機会を説明する。	a）組織が気候関連リスクを識別・評価するプロセスを説明する。	a）組織が，自らの戦略とリスク管理プロセスに即して，気候関連のリスク及び機会を評価する際に用いる指標を開示する。
b）気候関連のリスク及び機会を評価・管理する上での経営者の役割を説明する。	b）気候関連のリスク及び機会が組織のビジネス・戦略・財務計画に及ぼす影響を説明する。	b）組織が気候関連リスクを管理するプロセスを説明する。	b）Scope 1 ，Scope 2 及び当てはまる場合はScope 3 の温室効果ガス（CHG）排出量と，その関連リスクについて開示する。

	c) 2℃以下シナリオを含む，さまざまな気候関連シナリオに基づく検討を踏まえて，組織の戦略のレジリエンスについて説明する。	c) 組織が気候関連リスクを識別・評価・管理するプロセスが組織の総合的リスク管理にどのように統合されているかについて説明する。	c) 組織が気候関連リスク及び機会を管理するために用いる目標，及び目標に対する実績について説明する。

出所：長村ほか［2017］。

(3) 内部監査の関与

サステナビリティ情報の開示において，組織的対応が不可避にある中で，情報開示プロセスおよびそこに組み込まれた内部統制の評価・検証（とくにリスク管理およびガバナンスと一体的に評価・検証しようとする視点の下での評価・検証）を通じた内部監査の関与は不可欠である。つまりそれは，サステナビリティ情報開示に対する内部監査としての対応は，①ガバナンス・プロセスを対象とした内部監査と，②全社的リスク管理という視点での内部監査となっていく（堀江［2022］）。

①の場合は，経営陣が積極的にサステナビリティ情報の開示に関与しているかを見極めることが重要である。開示の基本方針の作成し，社内に浸透させているかといった点（「統制環境」）が監査のポイントになる。また，戦略項目との関係でみると，戦略策定の基礎情報の流れ，策定された戦略の浸透といった「情報と伝達」の監査がポイントとなる。

②の場合は，「ガバナンスとカルチャー」「戦略と目標設定」「パフォーマンス」「レビューと修正」「情報の伝達と報告」との相互関連のERMを意識する必要がある。

また，全般的には，三様監査の連携を強く意識することで，内部監査の限界を補完できるかもしれない。

参 考 文 献

青木茂男［1981］『現代の内部監査』中央経済社。

アメリカ会計学会編，鳥羽至英訳［1982］『基礎的監査概念報告書』国元書房（American Accounting Association［1972］A Statement of Basic Auditing Concepts.）。

アンダーソン他著，一般社団法人日本内部監査協会訳［2021］『内部監査：アシュアランス業務とアドバイザリー業務』（第4版）一般社団法人日本内部監査協会。

一般社団法人日本内部監査協会［2013］『内部監査の専門職的実施の国際基準』。

一般社団法人日本内部監査協会［2013］『内部監査品質評価ガイド』。

一般社団法人日本内部監査協会［2014］『内部監査基準』。

一般社団法人日本内部監査協会［2018］『バリューアップ内部監査Q&A』同文舘出版。

一般社団法人日本内部監査協会編［2019］『第19回監査総合実態調査（2017年調査）』。

一般社団法人日本内部監査協会［2022］『第65回内部監査実施状況調査結果』（https://www.iiajapan.com/leg/iia/info/20220824.html，最終アクセス2024年4月30日）。

EY有限責任監査法人［2022］『実践不正リスク対応ハンドブック』中央経済社。

蟹江章［2023］「内部監査のコーポレートガバナンスへの貢献」『月刊監査役』752号。

企業会計審議会［2023］『財務報告に係る内部統制の評価及び監査の基準並びに財務報告に係る内部統制の評価及び監査に関する実施基準の改訂について（意見書）』。

清原健，武井洋一，三宅英貴，鈴木正人（編著）［2019］『会計不正の予防・発見と内部監査』同文舘出版。

金融庁［2023］「サステナビリティ情報の開示」（https://www.fsa.go.jp/news/r4/singi/20230523/02.pdf，最終アクセス2024年1月28日）。

齋藤正章，蟹江章［2022］『改訂版　現代の内部監査』放送大学教育振興会。

堺咲子　訳［2023］「変化する世界に対応した『基準』の改訂」『月刊監査研究』第49巻第4号。

島田裕次［2020］『はじめての内部監査　監査の基礎知識から実務の応用まで』日科技連出版社。

CSA実践研究会［2023］「企業のCSA活動に関する調査結果報告」『月刊監査研究』No.599，51−62頁。

デロイトトーマツ　リスクアドバイザリー［2022］『リスクマネジメント　変化をとらえよ』日経BP。

東京証券取引所［2021］「コーポレートガバナンス・コード」。

鳥羽至英［2007］『内部統制の理論と制度　執行・監督・監査の観点から』国元書房。

内部監査人協会［2017］『専門職的実施の国際フレームワーク　2017年版』（Institute of Internal Auditors［2017］The International Professional Practices Framework.）。

日本内部監査協会（訳）［2014］「有効なリスク・マネジメントとコントロールにおける3本の防衛線」『月刊監査研究』第40巻第4号（Institute of Internal Auditors［2013］The Three Lines of Defense in Effective Risk Management and Control.）。

日本内部監査協会［2017a］「実務指針6.1　ガバナンス・プロセス」。

日本内部監査協会［2017b］「実務指針6.2　リスク・マネジメント」。

日本内部監査協会［2017c］「実務指針6.3　コントロール」。

日本内部監査協会（訳）［2020］「ⅠⅠAの3ラインモデル：3つのディフェンスラインの改訂」『月刊監査研究』第46巻第8号（ⅠⅠA［2020］The ⅠⅠA's Three Lines Model：An Update of the Three Lines of Defense.）。

日本内部監査協会［2017］「実務指針8.1　内部監査結果の報告および内部監査報告書」。

長村政明監修／山本和人・藤森眞理子・山本麻子訳［2017］「最終報告書－気候変動財務情報開示タスクフォースによる提言」。

八田進二（編著）［2012］『企業不正防止対策ガイド』（新訂版）日本公認会計士協会出版局。

堀江正之［2022］「サステナビリティ情報開示への内部監査」『月刊監査研究』第48巻第11号。

松井隆幸［2014］「社外役員と内部監査の連携」『自由と正義』第65巻第12号，65－70頁。

松浪信也［2014］『監査等委員会設置会社の実務』中央経済社。

森本滋［2017］『企業統治と取締役会』商事法務。

吉武一［2023］「IPPFの深化（IPPF Evolution）－内部監査人協会「専門職的実施の国際フレームワーク」改訂の経過－」『月刊監査研究』第43巻第9号。

有限責任監査法人トーマツ編［2022］『内部監査実務ハンドブック』（第3版）中央経済社。

著者紹介

蟹江　章（かにえ　あきら）

青山学院大学大学院会計プロフェッション研究科教授

大阪大学大学院経済学研究科博士後期課程単位取得退学，弘前大学人文学部講師，助教授，北海道大学経済学部助教授，同大学院経済学研究院教授などを経て，2020年4月より現職。

博士（経営学）。北海道大学名誉教授，放送大学客員教授（「現代の内部監査」担当主任講師），一般社団法人日本内部監査協会名誉会員。

著書として，『現代監査の理論』（森山書店，2001年，日本内部監査協会青木賞受賞），『会社法におけるコーポレート・ガバナンスと監査』（編著，同文舘出版，2008年），『現代の内部監査』（共著，放送大学教育振興会，2017年），『ガバナンス構造の変化と内部監査』（編著，同文舘出版，2020年）などがある。

担当／第1章，第3章，第7章1・2・3・4

武田　和夫（たけだ　かずお）

共立女子大学ビジネス学部教授

中央大学大学院商学研究科博士後期課程単位取得退学，萩国際大学国際情報学部講師，椙山女学園大学現代マネジメント学部講師，准教授，教授，同大学院現代マネジメント研究科教授，明海大学経済学部教授を経て，2020年4月より現職。

一般社団法人日本内部監査協会会員。

著書として，『内部監査機能』（共著，同文舘出版，2007年），『会社法におけるコーポレート・ガバナンスと監査』（共著，同文舘出版，2008年），『改訂「内部監査基準」解説』（共著，（一社）日本内部監査協会，2015年），『ガバナンス構造の変化と内部監査』（共著，同文舘出版，2020年）などがあるほか，「内部監査機能の組織的位置づけと監査報告」（『月刊監査研究』34（4），2008年4月号）にて日本内部監査協会青木賞受賞。

担当／第2章，第6章，第7章7

池田　晋（いけだ　すすむ）

明海大学大学院経済学研究科教授

1991年慶応義塾大学法学部法律学科卒業。1996年ニューヨーク大学ビジネススクールにてMBA取得。

その後，監査法人，日系メーカーなどの内部監査部門を経て，2020年4月より現職。

博士（経営学）（横浜国立大学）。公認内部監査人（CIA），米国公認会計士（現在inactive）などの資格を持つ。一般社団法人日本内部監査協会会員。

著書として，『内部監査の実践ガイド』（共著，日科技連，2018年），『ガバナンス構造の変化と内部監査』（共著，同文舘出版，2020年）などがあるほか，「経営人材育成の場として機能する内部監査部門への変革」（『月刊監査研究』38（465），2012年9月号）にて日本内部監査協会青木賞受賞。

担当／第4章，第5章，第7章5・6

内部監査の理論と実践

2024年6月10日 初版発行

著　者	蟹江　章
	武田和夫
	池田　晋
発行者	大坪克行
発行所	株式会社 税務経理協会
	〒161-0033東京都新宿区下落合1丁目1番3号
	http://www.zeikei.co.jp
	03-6304-0505
印刷所	税経印刷株式会社
製本所	牧製本印刷株式会社

 本書についての
ご意見・ご感想はコチラ

http://www.zeikei.co.jp/contact/